あなたにいま必要な神様が見つかる本

「ごりやく別」神社仏閣100めぐり

桜井識子

PHP文庫

○本表紙図柄＝ロゼッタ・ストーン（大英博物館蔵）
○本表紙デザイン＋紋章＝上田晃郷

はじめに

この本を手に取っていただき、ありがとうございます。本書はごりやく別に神社仏閣を紹介した一冊となっております。

どの神社仏閣がどんな願掛けに特別にごりやくがあるのか……という部分にフォーカスして本書を書こうと思ったのは、私のもとに届く読者の方からのお悩みのメッセージがきっかけでした。

メッセージにはいろいろな悩みが綴《つづ》られているのですが、闘病中の方や、近しい人が病気になったという方からは「平癒《へいゆ》祈願にごりやくがある神社はどこでしょうか」と聞かれますし、子宝に恵まれたいという方は子宝祈願にごりやくがある神社を、また、素敵なパートナーと出会って幸せな家庭を築きたいという方は、縁結びに力を発揮する神社はどこなのか、を聞いてこられます。

ほとんどの神仏は、どんなお願い事をしても大丈夫です。特定の願掛けにしかごりやくがない、ということはありません。ただ、専門性が高い神仏というのは、たしかにいます。

同じ願掛けばかりをされるので必然的にその分野の力が強くなったとか、もともと専門性の高い神様方、もしくは眷属《けんぞく》が集まっているとか、その分野に霊験《れいげん》あらたかという噂《うわさ》が広まったため、そちらを専門にしているとか、理由はそれぞれですが、ある種の願掛けに特別に強い神仏がいるのは事実です。

読者の方からいただいたメッセージで、とても印象的だったものがありますので、ざっと概要をお伝えしたいと思います。

その方は3年間、階下の住人に嫌がらせをされて、苦しんでいました。たまにメッセージを下さる読者さんなので、その悩みは私も知っていました。管理会社、警察、弁護士と、あらゆる対策を講じたそうですが、嫌がらせは続き、読者さんは精神的にまいっていました。

そんなある日、読者さんはふと考えたそうです。あきらかに階下の住人には悪意がある……もしかしたらその「悪意」には悪いものが憑《つ》いているのではないか、だとしたら「憑き物落とし」の神社に行くべきなのでは……と。

そこで読者さんは、『神さまと繋がる神社仏閣めぐり』という本で私が紹介をした、憑き物落とし専門の神社「武蔵御嶽神社《むさしみたけじんじゃ》」に行かれたそうです。この神社は東京にありますが、読者さんは日帰りでは行けない地域にお住まいなので、ちょっと頑張って行かれたということでした。

神様に助けてもらえるようお願いをして、お守りとおふだと清め塩を購入し、帰宅後におふだを貼ったそうです。

すると、驚くことに！　階下の住人が突然引っ越しをしたというのです。3年間何をしても効果がなく、ずっと続いていた苦しみが、憑き物落とし専門の神社にお願いに行っただけで、あっさりと終わったのでした。

私の本を読んでいなかったら、武蔵御嶽神社のことは知らなかったし、行くこともなかったと、お礼の言葉を書かれていました。このケースでは、階下の住人に「魔《ま》」が乗っかっていたため、憑き物落としの専門である神様の眷属の「狼《おおかみ》」が追い払ってくれたのです。

こちらは別の読者さんからのご報告です。その方には大学生の娘さんがいて、娘さんの留学費用が300万円ほど足りなかったそうです。そこで読者さんは、私が『「神様アンテナ」を磨く方法』でお伝えした「豊川稲荷東京別院《とよかわいなりとうきょうべついん》」に参拝に行かれたそうです。

このお寺にいるダキニ天さんは、お金の願掛けに特に強い力を発揮する仏様です。読者さんが家庭の経済状態などを詳しくダキニ天さんに説明してお願いをしたところ、思わぬところから（メッセージを読んだ私も、ダキニ天さんの意外なお金の与え方にビックリしました）、なんと！　３００万円が入ってきたそうです。

このお寺で願掛けをして宝くじの1等が当たった方もおられますし、１００万円がどうしても必要だとお願いした方が、これまたピッタリの金額を授けてもらっています。

どの読者さんも、金運に強いダキニ天さんという仏様を知っていたからこそ、お願い事をうまく叶《かな》えてもらっているわけです。

「よくないことを肩代わりしてくれますよ」と、こちらも『「神様アンテナ」を磨く方法』でご紹介した埼玉県さいたま市の「氷川神社《ひかわじんじゃ》」では、読者さんが参拝をして帰っている時に、子どもさんが交通事故に遭《あ》ったという連絡が入ったそうです。

読者さんのお子さんは軽傷で無事でしたが、一緒にいたお友達はそうではなかったということで、神様が大きなケガを引き取ってくれたことがわかります。

神社仏閣とは相性がありますから、誰でも同じように抜群の効果があるという保証はできません……が、しかし、相性があるからこそ、人によっては驚くほどのごりやくがもらえるわけです。専門の神仏だったら、それこそ一発で、解決する可能性が大きいのです。

前述の読者さん方のように、専門の神仏を知っていたら、参拝に行ってみることができます。しかし、知らなければ、とりあえず行く、願掛けをしてみる、ことすらできません。

そのようなわけで、ごりやく別にいくつかの神社仏閣を知っておくことは、人生を好転させる意味で、大切なことだと思います。

桜井識子

あなたにいま必要な神様が見つかる本

目次

第2章

「金運」に強い神仏はココ！

金運、招福、商売繁盛、などにごりやくがあります

第3章 「人間関係運・恋愛運」に強い神仏はココ！

縁結び、家内安全、夫婦円満、他人との円満な人間関係、などにごりやくがあります

第4章 「健康運」に強い神仏はココ！

平癒祈願、無病息災、安産、心の健康・安定、龍パワー、などにごりやくがあります

第1章

「勝負運」に強い神仏はココ！

仕事運、ビジネス関係、必勝祈願、
合格祈願、などにごりやくがあります

パワー半端なし！
強い神様と優しい神様がいらっしゃる

北《きた》口《ぐち》本《ほん》宮《ぐう》冨《ふ》士《じ》浅《せん》間《げん》神《じん》社《じゃ》

山梨県富士吉田市

境内に充満するご神気

参道の両脇に立っている木々が驚くほど高くて、ずら～っと並んでいる石灯籠《いしどうろう》は古く、見ただけで神仏習合だった時代から深く信仰をされてきた神社であるということがわかります。

石灯籠が次々に「ささ、どうぞどうぞ」「奥へ奥へ」と、社殿《しゃでん》へ導いてくれる……そんな参道になっています。そばに寄って石灯籠を見たら「寛保三年」（1743年）と刻まれており、約280年前のものでした。「延享」と彫られているものもありました。

厳《おごそ》かな参道を歩き終えると、そこに「大鳥居《おおとりい》」があります。大鳥居の手前には小川があって、澄んだ水が流れていました。

水にさわれるようにという配慮なのか、水辺に下りられる石段があったので、下りて行って手をひたし、頭にも1滴たらして、その水で清めさせてもらいました。神域を流れている生きた水なので、強いエネルギーを持っていますから、浄化作用も大きいです。

そこで大鳥居を「でかいなぁ」と、まじまじと見ていたら、団体さんを引率していた添乗員さんが、

「皆さん、ここに敷いてある石は富士山の溶岩なんですよ～」

と言うのが聞こえてきました。ほ～、そうなんだ～、と写真を撮っていると、

「この大鳥居は宮島《みやじま》の……皆さん、宮島、ご存じですね？　海の中に立っているあの鳥居と同じなんですよ～」

添乗員さんはさらに興味深いことを言っていました。

言われてみれば、厳島《いつくしま》神社の海の中に立っている鳥居と同じです。えっと、なんて名称だっけかな？　あ、両部《りょうぶ》鳥居だ、と思いつつ、随神門（公式ホームページの呼称に従っています）をくぐろうとして、「うわぁ！」と驚きました。千社札《せんじゃふだ》の多さ

に、です。

千社札とは、自分の名前などを独特の文字で書いた小さな四角い紙片のことです。これを神社仏閣の建物のあちこちに貼るのが江戸時代なかば頃から流行《はや》りました。それがペタペタとたくさん貼られているのです。

美しい随神門なのに、なんてもったいないことを～、と思いました。柱などは、一瞬「模様？」と思ったくらい大量に貼られていました。

現代はこのようなことをする人はいないと思われますが、よくない行為です。もしも千社札を持っていたとしても、眷属《けんぞく》に叱《しか》られますから、貼るのはやめたほうがいいです。

随神門を抜けると、堂々とした、凜《りん》と張り詰めたご神気《しんき》が満ちている空間となっています。そこですでに強い神様が鎮座していることがわかります。

拝殿《はいでん》の階段と床は木製で、石やコンクリートではないことに感動しました。硬い石やコンクリートの上に立つのと、軟らかい木の床に立つのとでは、印象が全然違います。

あたたかみのある木材は私たち人間側の感度によい影響があって、そのおかげで気持ちが硬くならずに参拝ができます。ありがたい拝殿です。

拝殿の長押《なげし》には古い奉納品がたくさん掲げられていて、そこには大きな大天狗《おおてんぐ》とカラス天狗のお面がありました。天狗がいるのかな、と思ったのですが、どうやらここにはいないようで、出てきませんでした（富士山にはいます）。

もしかしたら、富士山の遥拝所《ようはいじょ》（離れたところから神仏を拝むための場所です）として機能している神社？　と思ったのですが、富士山の神様も眷属もここからは見えません。それなのに、境内《けいだい》には神様の強いご神気が充満しているのです。

どういうことなのか……よくわからないまま、拝殿を出ました。とりあえず、境内をまわってみるか～、と軽い気持ちで拝殿の左側へ行ってみて、

「うわぁぁぁーっ！」

と、足が止まりました。ものすごいパワーを放出している神様がそこにいたのです。一旦《いったん》止まって気持ちを落ち着け、呼吸を整えてからおそばに行こう、と思わせるくらい強かったです。「東宮本殿」という社殿におられる神様です。

その時の私の心の中は、軍神だ～！　強いっ！　強すぎるっ！　パワー半端なし！　エネルギーすごし！　超高波動！　と、すべてビックリマーク付きでした。光り輝く神様で、圧もすごかったです。見ただけなのに、ごりやくまでその場でわかりました。

そのごりやくとは、ライバルやライバルの企業、または自分自身に「勝つ」、他を制して一歩も二歩も先を行く、戦って勝つ、負けない、その世界で生き残る、他を抑える、というものです。

社殿は武田信玄の建立だった

どうしてこのように強い神様が脇の社殿に？　と訝《いぶか》しく思いながら近づくと、社殿の前に案内板がありました。神話の神様の名前がご祭神《さいじん》として書かれていましたが、注目すべきは、

【貞応二年（一二二三）北条義時の創建とも伝えられるが、現社殿は永禄四年（一五六一）武田信玄が川中島合戦の戦勝祈願して浅間本社として造営したものである。】

という部分です。つまり、この社殿が昔は本殿だった、ということらしいです。しかも、武田信玄《たけだしんげん》さんが建てた社殿だったのですね。さらっと説明していますが、

「へぇぇぇー！　そうなんだ～、なるほど」

と納得しました。

神様はたしかに神話時代あたりの服を着ており、かなり古い神様です。ちょび髭《ひげ》

を生やしています。白い髭ではなく、黒いちょび髭です。お話を聞くと、富士山で修行をされたということで、それが超古代の人間ですから、力もすごく強いというわけです。

私は戦国時代にそんなに興味がなく、武田信玄さんがごりやくをいただいて勝ったのかどうかわかりませんが、この神様のご加護《かご》をもらっていれば負けてはいないと思います。というか、負けるはずがありません。

上杉謙信《うえすぎけんしん》さんも信心深い人だったようですから（朝護孫子寺《ちょうごそんしじ》〈奈良県生駒郡〉の体験修行でそのようなお話を聞きました）、どちらも神仏の厚いご加護をもらっていたと思われます。つまり、勝敗に大差はなかったのではないか？　と思いました。

武田信玄さんって、こんなに強い神様を味方につけていたのか〜、ほぉ〜、とひとりごとを言いつつ本殿の後ろへ行くと、そこには「恵毘壽《えびす》社」がありました。珍しい字を書くんだな、と見ると、「大国主神（だいこく）」「事代主神（ゑびす）」と書かれている2体の像が安置されていました。

で、そこからぐるりとまわると、「西宮本殿」という社殿があります。ここにも東宮本殿と同じくらい古い神様がいます。同じように神話時代の服を着ています。ただ、西宮の神様は東宮の神様とはごりやくが違います。

子孫繁栄、食に関すること（ご飯が食べられますように、飢饉《ききん》になりませんように、収穫ができますようになどの願掛けです）、健康長寿などが得意だそうです。人間が生活をしていくうえで重要な部分をサポートする神様のようです。

東宮はピリピリした強いオーラを放っていて、そのオーラは弾力があって、相手を威圧する感じですが、西宮のほうはそよそよと風が優しく吹くような、軽やかなオーラです。優しいまろやかな神様です。

ですからこの神社では、自分の願掛けにマッチするほうの社殿に直接行くのがベストです。

北口本宮富士浅間神社は東宮と西宮の2柱《ふたはしら》の神様が仲良くご祭神となっていました。拝殿で人々が願掛けをすると、その種類によって、東宮の神様が叶《かな》えたり西宮の神様が叶えたりしています。

拝殿でお願いをしても神様は聞いているので問題はありませんが、それぞれの社殿に行くほうが、そこに鎮座している神様と近くなれますし、目をかけてもらいやすいです。

私が参拝したのは1月だったからでしょうか、縁起物がたくさん販売されていました。「おぉ〜、これはいいっ！」と思ったのが、赤富士の絵馬《えま》です。非常に縁起がよくて、運気アップをサポートしてくれます（もちろん買いました。当時お嫁さんが妊娠中だった息子にプレゼントしました）。

境内のご神木《しんぼく》に張られているしめ縄が「蝶々結び♪」という点も、見逃すともったいないポイントとなっています。

努力して「勝ちたい」人に力を貸してくれる

居《い》合《あい》神《じん》社《じゃ》

山形県村山市

仇討ちを果たして神様になった!?

秋田県で取材をし、山形県に向かって南下している途中でこの神社に立ち寄りました。駐車場に車を停めると、最初に目に入ってくるのは、「竹駒稲荷《たけこまいなり》」という、大木に守られた小さなお社《やしろ》のお稲荷さんです。

そばの木がとても大きかったので、お稲荷さんは古くからそこにいて、信仰をされてきたように思いました。お稲荷さんにもお話を聞きたかったのですが、先にメインの神社を参拝するべきだな、と奥へと進みました。

奥にはこじんまりとした神社があります。鳥居の扁額《へんがく》には「熊野・居合　両神社」と書かれていましたが、鳥居の手前にある石碑には「日本一社　居合神社」と刻まれています。変わった名前の神社です。

居合って、あの武術の居合だろうな〜、と思いつつ、社殿まで進み神様にご挨拶をしようとしたら、

「先に由緒《ゆいしょ》を見よ」

と言われました。神様にそんなことを言われたのは初めてで、ちょっぴり戸惑いながらも由緒が書かれている説明板のところまで戻って、ざっと読みました。

【一、由緒・沿革

本社略縁起に依れば、大同二年（八〇七年）林崎地区の東方石城嶽の大明神沢の岩窟に熊野権現が祀られ、後旧荒宿村に降神、熊野堂として石祠に祀られた。

熊野権現は永承年中（一〇四六年）から正安二年（一三〇〇年）の間に当地に遷座され、歴史変遷と共に尊号を「熊野明神」と改め、地元民に祖神として崇敬信仰された（祖神・熊野神社の草創）

天文年間に抜刀（居合道）の祖・林崎甚助源重信公が祖神「熊野明神」に祈願参籠し修行に励み、祖神「熊野明神」より「神妙秘術の純粋抜刀」の奥旨を神授さ

れ、京にて見事父の仇を討ち本懐を遂げた。
後世、その英霊を思慕し、崇めて重信公を神格化「居合明神」として祖神「熊野明神」の境内の一角に祀った（居合神社の草創）
明治の神仏判然令に伴い、祖神「熊野神社」に「居合神社」を合祀し、明治十年（一八七七年）明治政府に公認され「熊野・居合両神社」の正式神社名となり今日に至る（神社庁登記神社名）】

へぇ〜、仇討《あだう》ちをした人を祀《まつ》っているんだ〜、と社殿のほうへ行こうとすると、神様が、

「その横、その横」

と言います。由緒の横に書かれている文章も読め、という意味です。説明板は結構大きくて、由緒の横にもたくさんの文字が並んでいます（皆様はすべてキッチリ読まなくても大丈夫なので、面倒だと思われる方は読み飛ばして下さい）。

【二、林崎甚助源重信公略伝
天文七年（一五三八年）浅野数馬源重治（浅野刑部太夫源重成・重康）楯岡城・六

代城主「最上因幡守満英」に士官したと伝えられている。

浅野数馬源重治は、京で尉北面の衛士であった（朝廷に仕える近衛の武士）

天文十一年（一五四二年）抜刀（居合道）の祖・林崎甚助源重信は父、浅野数馬源重治と母、菅野（志我井）との間に生まれ、幼名を「民治丸」と言った。

天文十六年（一五四七年）父、浅野数馬源重治は、祖神・熊野明神の祠官の許へ碁を囲みに行き、夜更けて帰る処を如何なる理由で恨みをかったのか、坂上主膳（坂一雲斎）に闇討ちにて暗殺された。爾来、浅野数馬源重治の一子、浅野民治丸と母、菅野の仇討ちの苦難の道が始まった。

天文二十三年（一五五四年）浅野民治丸十三歳の時、仇討ちのため剣法の上達を祖神「熊野明神」に祈願参籠し修行に励む。

弘治二年（一五五六年）浅野民治丸、祖神「熊野明神」より「神妙秘術の純粋抜刀」の奥旨を神授される。

永禄二年（一五五九年）浅野民治丸十八歳、更に研鑽を積み「純粋抜刀」の至妙を悟り開眼。元服して村名の林崎を姓とし「林崎甚助源重信」と改め仇討ちの旅に出る。

永禄四年（一五六一年）重信二十歳、京で宿敵、坂上主膳（坂一雲斎）を討ち果たし見事本懐を遂げた。直ちに帰郷、祖神「熊野明神」に礼参報告し信國の刀を奉納す。爾来、重信は純粋抜刀を「林崎流」と号した。

永禄五年（一五六二年）重信、母、菅野に孝養を尽くせども、母病にて死す。重信、飄然、孤剣を抱いて二首の歌を残し旅に赴く。

廻国修行に伴い、各地で門弟を育成し「純粋抜刀」を拡め、抜刀（居合道）の基礎を確立した。

尚、重信の最晩年の足跡、没年、没地については、諸説はあれど史実に即した資料なく、解明調査の限りを尽くせども未だ判明せず。】

気さくで話好きな神様

「はぁ、なるほど……。えっと、つまり……6歳の時に父が殺されて、仇を取るために剣術を頑張り、この地にいた熊野《くまの》明神《みょうじん》に祈願をして参籠《さんろう》したところ、『純粋抜刀』という奥義《おうぎ》を授かった、と。で、京都まで行って仇《かたき》を討ち果たし、地元に帰って神様にお礼をした。母が病気で亡くなって、その後、この人物がどうなったのかはわかりません……と、こういう流れですね？　そして神様はこの人物なのですね？」

そう言うと、神様がお姿を見せてくれました。上着は袖《そで》をまくり上げてたすき掛けにしており、下は……膝丈《ひざたけ》の袴《はかま》？　をはいています。袴は裾《すそ》が広がっているのではなくて、すぼめて縫っているような形です。

「変わった袴ですね」

「普通の袴では足を取られる」

真剣（本物の刀）で戦うので、一般の袴では危ないとのことでした。どうやらこれが仇討ちをした時の格好のようです。

「失礼だったらすみません。本当に仇討ちを……されたのですか？」

「した」

へぇー、実際に仇討ちってしてるもんなんだ～、とは思いましたが、仇討ちに関して特に興味がない私にはそれ以上の質問が思い浮かばず、境内をぶらっと見てまわりました。

おみくじは引くことができないし、資料館（写真や居合道の人の名前が書かれた額などがたくさん飾られていました）のような建物にも入れず、拝殿も入ることができず（東北地方はセルフで入れるところがあります）、見るところがなくなりました。

境内には緑色の松ぼっくりがなっていて「松ぼっくりって、最初は緑色なんだな」と観察し、ふと隣の敷地を見たら、そこはさくらんぼ農園でした。赤いさくらんぼがたくさん実っています。

「きゃ～！　美味《おい》しそう、明日はさくらんぼ狩りをするんだ～」

と、そっちに夢中になっていたら、神様が私の後ろから、

「聞くことはないのか？」

と言います。

その口調が、「何か聞いてくれへん？　なぁ？　質問してくれへん？　なんかあるやろ、ワシに聞きたいことが。なんか聞いて聞いて♪」みたいな感じなのです。

久しぶりに話せるチャンスが来た！　みたいなウキウキ感が伝わってきます。

「ん～～～。仇討ちを実際になさった、やり遂げた、ということで、もう聞くことはないんですけど……」

「いや、そんなことはない！」

「え」

「そんなことはないぞ。何かあるだろう、もっと知りたいことが（ワシの人生で、というニュアンスです）」

「えっと……あ、ありました！　熊野明神という神様に本当に教えてもらったので

すか？　剣術を？」

「ん〜〜〜〜〜〜〜〜〜〜〜〜〜〜〜〜〜〜〜」

と、空を見上げるような雰囲気で神様は言いよどんでいます。

「神様は人間だった時に、すごい霊能力があったってことですね？」

「いや……実は……自分で編み出した（笑）」（↑神様ですから嘘がつけません）

「そうだったんですね！」

照れたように笑いながら正直に話す神様は、なんだか人のいいおっちゃんみたいで、一気に好感度が上がりました。神様は笑いながら、

「神に教えてもらったと言うと箔《はく》が付くだろ？」

と言います。

「あははは、たしかに！　神がかったすごい技！　みたいな感じがします」

どうやら討ち果たしたあとで後付けにしたようです。もう一度、案内板の由緒のところを読むと「神授」とピカピカ輝くような言葉が使われていました。

「その言葉がいいだろう？」

「はい！　神々《こうごう》しくて特別な、天の力を持った技、という印象を受けます」

神様は、「だろっ？」みたいな感じで嬉しそうにニコニコしています。

「これ、本に書いてもいいですか？」

「えっ⁉」

「楽しいお話なので、是非《ぜひ》書かせて下さい」

「いや、それは、ワシの神としての威厳が……」

「大丈夫です！　神様が〝人間だった時〟のお話ですし、このように気さくな会話ができる神様はそんなに多くないので、親しみを持ってもらえると思います」

「そうか？　まぁ……いいだろう」

「ありがとうございます！」

　そんな会話を交わしながらも、やっぱり私は隣のさくらんぼ農園が気になります。

「神様、私、さくらんぼが大好きなんです。明日、人生初のさくらんぼ狩りに行くんです！」

「ほぅ」

　楽しみだな～、と、さくらんぼに心を奪われて、またしても神様に背を向けて隣の農園を見ていると、神様が後ろから肩をトントンとたたくような感じで言いました。

「他に聞くことはないのか？」

ないです、と言うわけにもいかず、えっと？　ん〜と？　せっかくなんでも答えるぞと言ってくれているし、何か聞かねばと考えて「あ、そうだ」と思いつきました。

「いただけるごりやくで、何が一番お得意なのでしょうか？」

神様によると、少し前（といってもたぶん江戸時代あたりのことを言っていると思われます）までの願掛けは、仇討ちっぽいものが多かったそうです。しかし、憎い人を倒したいという怨念《おんねん》にまみれた願掛けは得意ではない、と言います。

コツコツと努力をする人をサポートすることがお好きなようで、頑張って何かを成し遂げる、そのような願掛けを叶えることが得意だそうです。ですから、剣術の上達をはじめ、学業でも商売でも婚活でも、コツコツと努力をする人は応援してもらえるので、願掛けが叶う率は高いです。

神様になった林崎さんの晩年

神様は「もっといろいろと聞いてほしい」という雰囲気をガンガンに出していて、よほど誰かと会話をしたかったのだろうと思いました。きっと、話しかけてくる参拝者が少ないのでしょう。

そこで何か質問をするべく、もう一度、林崎甚助《はやしざきじんすけ》源《みなもとの》重信公《しげのぶこう》略伝をよ～く読むと、晩年はどこにいたのかわからない、どこで亡くなったのかも、没年がいつなのかも不明であるということが書かれています。

「神様は病気で亡くなられたのですか？」

「食中毒で死んだ」

「あ、そうだったんですね。何を食べてあたったのですか？」

「魚」

魚を食べて激しい食中毒になり、それで亡くなったそうです。もしかしたら昔はそんなことが多かったのかもしれないな～、と思いました。

林崎さん（わかりやすいように人間だった時のことはこう表現します）は、結構歳をとって亡くなっています。晩年は狭い、汚い長屋の一角に住んでいて、近所の人たちにお世話をしてもらっていたそうです。

「近所の人たちは仇討ちを果たした、居合の林崎さんって知っていたのですか？」

林崎さんは名乗って、そのような話もしたのだけれど、近所の人たちはみんな町民だし武士ではないので、さらに剣術に興味がない人ばかりだったため、「ふーん」と聞き流されたそうです。興味がない人にとっては、どんなに偉業を成した話をしても、意味はないぞ、と言っていました。

なるほど〜、わかるような気がする、と思いました。アインシュタイン博士が学問にまったく興味がない人に、「ワシ、相対性理論を見つけてな〜」と話したところで「ふーん」で終わりそうです。

100歳の高齢者に「こないだ、こういうゲームを開発してね、1000万本の大ヒットを飛ばしたんですよ」と言ったところで、「ふーん」だと思います。

晩年の林崎さんは先生と呼ばれることもなければ、素晴らしい人と認識されていたわけでもなく、長屋に住んでいるおじいちゃん、という位置付けだったようです。近所の人たちが食べ物を分けてくれていたので、なんとか生きることができたそうです。

「どこで亡くなったのですか？」

「京都」

「えええーっ⁉　こんなに離れたところから、また京都まで行ったんですか！」

林崎さんは仇討ちで京都へ行き、都会だった京都を見て、それが忘れられず「もう1回行きたい！」と思ったそうです。で、母親が亡くなってからふたたび京都に行き、そこで暮らし、亡くなったそうです。

最後に鳥居を出る時に、「お稲荷さんにも一から話を聞くのはしんどくて無理だな」と思っていたら、神様が後ろから、

「ワシがここに来る前からいたぞ〜！」

と、お稲荷さんのほうが古いことを教えてくれました。昔は信仰する人が多かったみたいです。

居合神社のご祭神は、とっても気さくでおしゃべり好きな神様でした。

参拝に行かれた時は、一方的でもたくさんお話をすると喜ばれます。そんなに大きな神様にはなっていませんが、一生懸命に努力をして「勝ちたい」という人には、惜しみなく力を貸してくれます。

参拝者が少ないので願掛けは狙いめ

大《おお》井《い》俣《また》窪《くぼ》八《はち》幡《まん》神《じん》社《じゃ》

山梨県山梨市

かつては相当に豪華で立派だった

武田信玄さんの父（武田信虎《たけだのぶとら》）が本殿を造営したという情報を見て、武田家が代々信仰していた神様なのかな？　と思って行ってみました。

行っててビックリです。こう言うと失礼かもしれませんが、廃《すた》れている感が半端ないのです。境内にあった由緒書きによると、

【当社は、貞観元年（八五九）清和天皇の勅願により、豊前国（大分県）宇佐八幡宮より勧請、東国鎮護として笛吹川の中島、大井俣の地に建立。後に現在の窪の地

に遷座した。

甲斐源氏一門、とくに国主武田氏の崇敬篤く、代々社殿造営を行っている。

現本殿は、応永十七年（一四一〇）武田信満が再建。享禄四年（一五三一）武田信虎が修復、弘治三年（一五五七）武田晴信が川中島合戦の戦勝祈願成就によって、御扉と金箔による豪華な壁画を奉納している。】

とのことで、当時は結構にぎわっていた神社だったようです。

この神社は水路が多いことが特徴です。神門《しんもん》の手前に小川があって橋が架かっていましたし、参道の真ん中あたりにも池から流れる水路が横切っていて橋があり、本殿の背後にも水路がありました。

参道を進んで石段を登ると拝殿があるのですが、この石段や石垣、拝殿前の石畳などがとても古く、武田信虎さんの時代のもののように思いました。

拝殿は横に長い建物で、享保八年（約３００年前）と刻まれた石灯籠がありました。

本殿も横に長い社殿で、神社の本殿には見えない立派な建物です。扉などいたるところに金箔の残りが見えました。板壁には絵が描かれていたようですが、古くて

色褪《あ》せているのと、ガラスで保護されているせいもあって、よく見えません。けれど、相当豪華な造りだったことはわかります。武田信虎さんが修復した当時は、ものすごくきらびやかだったのではないかと思いました。

本殿の両脇にも社殿があり、裏には小さな摂社末社《せっしゃまっしゃ》がずらりと並んでいます。お稲荷さんのお社もあって、ここに来ればいろんな神様に願掛けができるようになっていたようです。

神様もたくさんいたみたいで、さまざまな願掛けに対応ができていたのではないかと思います。

風神様は怒っている

この神社のご祭神は、驚くことに「風神《ふうじん》」でした。見た目は俵屋宗達《たわらやそうたつ》の「風神雷《らい》神《じん》図《ず》屛風《びょうぶ》」の、どちらかというと雷神のほうに近いです。一見すると鬼です。

昔は神仏習合だったから、風神がそのままいるのかな？　と考えました。社殿も神社神社していませんから、そのへんと関係があるのかもしれないと思ったのですが、神様としての風神なので、どうやら仏教とは関係なさそうです。

風神という神様が本当にいたんだ！　と驚きました。

日本全国あちこちを巡っていると、想像もしなかった神仏に出会えることがあります。第6章に書いている赤神《あかがみ》もそうです。人間は神仏界のことを知っているようで、実は意外と知らないのかもしれません。

さて、この風神ですが、ものすごく強いです。そして……なぜか怒っています。

私が境内や社殿の裏側の土地をうろうろしている時はなんともなかったのですが、神様を見て、風神だと気づいた瞬間に、突風が吹き荒れました。

びゅうううう———！　と音を立てて容赦《ようしゃ》なく吹きつけてきます。半端ない「びゅうううう———」なのです。地面の砂を巻き上げて、砂嵐みたいにあたりが茶色く煙《けむ》ります。

ものすごい荒れように、

「ひゃ〜！　風神様、コンタクトレンズを入れているので、目にゴミが入ると困るんです〜。風を止めて下さい」

とお願いをすると、ピタッと止めてくれました。

事情を聞くと、昔は参拝者がとても多くて、一生懸命に仕事をしていた、しかし、今は誰も来ない、寂《さび》れている、昔はチヤホヤして（人間が風神を、です）ごりやくをもらっていたのに……という心境のようです。

実は他の地域でも、同じような状況になっている神様はたくさんいます。「仕方がない」とあきらめ気味の神様もいれば、「かまわない」と大らかに考える神様もいます。しかし、ここの風神は「ンモー！　誰も来なくなった！　ぷんぷん！」という感じなのです。

そこで、思ったことをちょっと口にしてみました。

「あの〜、風神様？　現代には戦《いくさ》がないから、戦勝祈願とかしないんですよ」

そんなことはお前に言われなくてもわかっておる！　という顔で、風神は私を見ています。

「現代で人々に信仰してもらうために、縁結びとかに力を入れられてはいかがでしょうか？」

「このワシに縁結びをしろと言うのか？」

風神はただでさえ恐ろしい顔なのに、さらに険しい表情で睨《にら》みます。このワシがすると思うのか！　この大馬鹿者が！　という雰囲気です。

ひ〜え〜！　私に怒ったって仕方ないじゃないですかぁ〜、と思いましたが、もうひとこと言ってみました。

「でも、できますよね？」

「そんなことはしないっ！」

「ひぃぃぃーーー！」

どうやら縁結びをするのは嫌な様子でした。

風神は物理的な風を吹かせる、砂嵐を起こすなどして戦を有利にしたり、見えない世界で勝利に導く風を吹かせたりする、戦い系の神様です。負けない！　という男性っぽい神様、勇ましい性質なのです。

「でも、風神様？　現代のニーズに合わせて、縁結びなんかもやらないと参拝者は来ないのではありませんか？」

びゅううぅぅぅーーーーー！　と、猛烈な突風が正面から吹きつけてきました。砂が顔にピシピシと当たって、イタタタとなります。本気で嫌なんだな、ということがわかりました。軍神として多くの武将や武士から崇敬されてきた神様です。今さら「縁結び♥」というのはできない、性《しょう》に合わないのでしょう。

この風神には力があります。しかも強いです。前述したように、物理的な風を起こせるのですが、見えない世界でも、運気を変える風を吹かせることができます。見えない世界で風をびゅうびゅうと吹かせて、その人にまとわりついている不運や禍々《まがまが》しい「気」などを吹き飛ばしてくれます。その人の周辺にある悪いものを一掃してくれるのです。厄除《やくよ》けにも大きな力を発揮します。

もちろん「勝つ」系の願掛けが一番得意です。今は参拝者が少ないので、言い方が悪いのですが……狙いめです。「風神だと知っています。そのうえでお力を拝借したいのです」とかなんとか言えば、軍神で義にも厚そうですから、叶う率は非常に高いです。

商売繁盛は、「ライバルに勝ちたい」という表現に変えます。「売り上げを伸ばしたい」と、お金のことを願うと「稲荷へ行け」とあっさり言う神様ですから、願掛けの言葉には気をつけたほうがいいです。

合格祈願も同じです。願い方は「多くのライバルに勝ちたい」です。「合格しますように」と言うと、「天満宮へ行け」と言われます。

出世してお給料が上がるといいな〜、という願掛けも「お給料が上がりますように」と言ったところで、「そんなことは知らん」とそっぽを向かれる可能性大です。「同僚に勝ちますように」なのです。

本殿両脇の社殿は、そこにいた神様のほうから、見えない世界の扉を閉めていました。たまたま休憩中だったのか、もといた場所に戻られたのか、詳細はわかりません。私が行った日はコンタクト不可能でした。

厳しめの性質で、恐ろしい風貌《ふうぼう》をしていますが、願掛けを叶える時は一生懸命に働いて下さる神様です。寂れているのが、本当にもったいないと思った神社でした。

「勝負運」に強い神社仏閣のご紹介
（＊は詳細を書いている書籍名およびブログの日付です）

清神社《すがじんじゃ》《広島県安芸高田市》

ここは戦国大名として有名な、毛利元就《もうりもとなり》さんをはじめ毛利氏に代々信仰されてきた神社です。境内に入った瞬間に、もうそこでパワーのある神様がいることがわかります。

「ああ、なるほど、この神様に目をかけてもらったら、そりゃ中国地方の覇者《はしゃ》にもなれるわ〜」と納得した、それくらい強くて大きな力を持っている神様です。

この神様は、心の底から「神仏は実在している」と確固たる信仰心を持っている人がお好きです。そのような人が「神様、どうかお願いします」と頼ってきたら、「この者のために！」と力を貸すことを惜しまない、そのような信者を裏切らない神様なのです。

境内に入ったところからたくさんお話をして、自分の信仰心を見てもらうといいです。ご神木とご神木の間にベンチがあって、そこにしばらく座ってパワーある波動をいただくのがおすすめです。

「勝つ」ことに特にごりやくがあります。

神田明神《かんだみょうじん》《東京都千代田区》

神仏が多くいる神社です。中でも平将門《たいらのまさかど》さんは誠心誠意、一生懸命に人々のために働いています。驚くほど真面目な神様です。

夜間はお仕事をしていないのが神社の神様の特徴ですが、将門さんは夜しか参拝できない人のために、無理をしてお仕事をされています。夜に参拝しても大丈夫な神社です（23時に消灯するので、それ以降は行かないほうがいいかもしれません）。

境内にある噴水の水しぶきには、浄化するパワーと将門さんのパワーが入っているので、噴水のそばに行って、水しぶきをいただくことがおすすめです。

将門さんによると、絵馬にお願い事を書く時は「字」をたくさん書くよりも、下手でも「絵」を描いたほうが効果があるそうです。時間をかけてじっくりと絵を描いた絵馬は、境内に願掛けを長く存在させることができるのです。

「勝つ」ことと仕事運に特にごりやくがあります。

＊『神さまと繋がる神社仏閣めぐり』「ブログ２０１８年10月４～５日」

石上神宮《いそのかみじんぐう》《奈良県天理市》

大昔、この地域一帯の王だった男性の神様がいます。強くて人徳があり、人々から慕われ、尊敬されていたようです。

その王が亡くなって祀られ、その後厚く信仰をされて、現在に至っています。

古代から現代まで信仰が絶えなかったということは、それだけごりやくがあったということです。

境内には癒《い》やしをくれる神使《しんし》のニワトリがいます。神使に囲まれると縁起がよく、運を味方につけることができます。

この神様は人間についた悪いものを剣でシャープに落としてくれるので、厄落としにもいい神社です。「勝つ」ことに特にごりやくがあります。

＊『神社仏閣 パワースポットで神さまとコンタクトしてきました』

五柱稲荷神社《ごばしらいなりじんじゃ》《東京都墨田区》

小さな神社です。尻尾《しっぽ》がふわふわとそよいでいる、もとは自然霊だった力の強いお稲荷さんがいます。仕事関係に特別なごりやくを発揮するお稲荷さんです。

私はここで願掛けをしたあと、驚くほど多くの依頼をもらいました。

効果は抜群なのですが、このお稲荷さんに対する信仰心、忠誠心がなければ願掛けは叶えてもらえません。1回きりの参拝で終わり、もしくは願掛けが叶ったらお礼を言いに行って終わり、と心のどこかで考えていたら、叶えてもらえる可能性は極端に低くなります。

何回か参拝することを（自分から約束する必要はありませんが）、ぼんやりとでも思い描くことが、目をかけてもらえるコツです。

＊『神様が教えてくれた金運のはなし』

高住神社《たかすみじんじゃ》《福岡県田川郡添田町》

天狗が多くいる、天狗だらけの神社です。1000年前、2000年前からの信仰の念と、時間が持つパワーがミックスされ、それが凝縮されて境内にあります。大天狗もカラス天狗も大小さまざまなサイズがいます。すべて修験道《しゅげんどう》の天狗なので厳しめですが、力があり強力に守ってくれます。

境内にある「大天狗の霊水《れいすい》」は聖水で、人間を元気にするエネルギーを持っています。細胞を活性化させる霊的栄養ドリンク剤のようなものなので、ひとくちでも飲むことをおすすめします。

この神社の天狗が得意なのは、本人をパワーアップして強くし、「勝つ」ようにすることです。

＊『「山の神様」からこっそりうかがった「幸運」を呼び込むツボ』

諏訪大社上社本宮《すわたいしゃかみしゃほんみや》《長野県諏訪市》

諏訪地方一帯の初代の王だったと思われる人物が神様です。堂々としていてとても頼りになる、器の大きな男性です。

この神様は人間だった当時、すでに神様になっていた諏訪大社下社秋宮《しもしやあきみや》（長野県諏訪郡下諏訪町）の「八坂刀売神《やさかとめのかみ》」とされている神様と交信をしていました。クニを作るにあたって、農作物、狩猟、漁業や地形的なこと、人々のこと、地域のしきたり、などを聞いていたのです。

つまり、霊能力がずば抜けていた特別な王だったわけです。その雰囲気が今もあって、独特のパワーをお持ちです。

手水《ちょうず》が高波動の温泉ですから、清めるだけでなく波動ももらえるようになっています。「勝つ」ことに特にごりやくがあります。

＊『神社仏閣は宝の山』

神峯寺《こうのみねじ》《高知県安芸郡安田町》

三菱財閥の創始者である岩崎弥太郎《いわさきやたろう》さんの母親が、息子の開運を祈願したお寺です。驚くことに片道20キロもある距離を「素足で」21日間通ったそうです。

それはつまり、毎日40キロを歩いて願掛けに行っていたということで、そこまでして通ったこのお寺には、非常に強い仏様がいます。

ご本尊の十一面観音《じゆういちめんかんのん》さんはパワーがあるうえに、よく笑う陽気な明るさもあって、この仏様のファンになる人が多いのもわかります。波動が心地よく、境内にいるだけで癒やされるのです。

お寺が建っている山がパワースポットであり、境内にある「神峯の水」も素晴らしいです。「勝つ」ことと仕事運に特にごりやくがあります。

＊『神社仏閣 パワースポットで神さまとコンタクトしてきました』

石清水八幡宮《いわしみずはちまんぐう》《京都府八幡市》

豪傑《ごうけつ》で武将のような感じの男性の神様が、宇佐神宮《うさじんぐう》から来ています。

昔は軍神として崇敬されていた神様で、存在が重々しく、安定感のある落ち着いた雰囲気を持っています。

境内は「武士の誉《ほま》れ」という華やかな意識が漂っている空間となっており、参拝をすると気力が充実します。

勝つことを重ねて戦国大名になるような「勝ち上がっていく」ことに特にごりやくがあります。長い間、武家の神様だったので、子孫繁栄もお得意です。

＊『京都でひっそりスピリチュアル』

宇佐神宮《うさじんぐう》《大分県宇佐市》

メインの神様は古代の王である男性ですが、願掛けの細かい手配をしているのは、御許山《おもとさん》から山岳系神様の代理として来ている女性の神様です。

女性の神様は参拝者の願掛けをキッチリと漏《も》らさずに聞き、願掛けを叶えるかどうかその場で判断をしています。叶えると決まったら、その願いはたくさんいる眷属か神様見習いに振り分けられます。

私の願掛けは福助《ふくすけ》人形のような姿をしている眷属に、なんと〝翌日〟に叶えてもらいました。

男性の神様は「勝つ」ことに、女性の神様は仕事運と金運に特にごりやくがあります。

＊『「山の神様」からこっそりうかがった「幸運」を呼び込むツボ』

古峯神社《ふるみねじんじゃ》《栃木県鹿沼市》

大きくて強い大天狗とカラス天狗がご祭神として鎮座しています。

2柱の天狗はとても仲がよく、人間に対しても陽気に、また気さくに接してくれます。天狗を身近に感じたい方におすすめの神社です。

祈禱《きとう》をお願いすると両天狗が横に座ってくれます。

この神社はご朱印《しゅいん》の種類がたくさんあって、サンプルを見るだけでも楽しめます。隣接している宿坊《しゅくぼう》も素晴らしく、神域に宿泊できるというありがたい神社でもあります。

「勝つ」ことに特にごりやくがあります。

*『神さまと繋がる神社仏閣めぐり』

❀源九郎稲荷神社《げんくろういなりじんじゃ》《奈良県大和郡山市》

源 義経《みなもとのよしつね》について守っていたという古いお稲荷さんです。

一の眷属は、神社のご祭神として祀られてもいいくらいの大きな力を持っています。この眷属は忠誠心がとても強く、さらに、たくさんの子分に仕事をさせてやりたい、と子分を思いやる情の厚い部分もあります。なんとか神社を発展させたいと頑張っている有能な眷属なのです。

神様も眷属も参拝者を大事に思う気持ちが強くて、「魔《ま》」から救ったお話もあります。

ここの神様はお稲荷さんですが、商売繁盛などよりも、「勝つ」ことに特にごりやくがあります。

*『神社仏閣 パワースポットで神さまとコンタクトしてきました』「ブログ2017年10月9日」

朝護孫子寺《ちょうごそんしじ》《奈良県生駒郡平群町》

ご本尊が毘沙門天《びしゃもんてん》（多聞天《たもんてん》）さんです。毘沙門天さんは戦う系の仏様ですが、人間を富ませる力も持っています。

人気がある仏様なのであちこちのお寺に祀られていますが、この朝護孫子寺の毘沙門天さんは群を抜いて強いです。

広大な境内にはいろいろな仏様がいるので、願掛けに応じて仏様を選ぶといいです。

「かやの木稲荷」のところにある「かや」はご神木で、毘沙門天さんが「勝つ」ことに特にごりやくがあるからか、ご神木も戦う力がパワーアップするエッセンスを持つという珍しいお寺です。

＊『神様と仏様から聞いた 人生が楽になるコツ』

太宰府天満宮《だざいふてんまんぐう》《福岡県太宰府市》

全国にある天満宮、天神社の総本宮《そうほんぐう》です。神様は菅原道真《すがわらのみちざね》公で、平安時代の一時期は怨霊《おんりょう》などと言われていましたが、神格の高い神様になっています。

律儀《りちぎ》なご性格のため、勧請《かんじょう》をされれば、断ることなく太宰府から神様を派遣しています。太宰府天満宮から勧請をしたお社（伝承が間違っていない場合）は、ほぼすべてに神様がいるように思います。

天満宮は学業専門と言ってもいい神様方ばかりですが、もちろん他の願掛けも叶います。しかし、なんと言っても合格祈願や学業成就には、他の神様よりも強い力を発揮します。

＊『神様、福運を招くコツはありますか？』（あとがき）

第2章

「金運」に強い神仏はココ！

金運、招福、商売繁盛、などに
ごりやくがあります

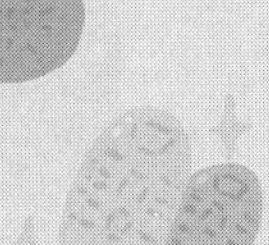

心が晴れやかになり、ごりやくいっぱい

來宮《きのみや》神社《じんじゃ》

静岡県熱海市

樹齢2000年のご神木にエッセンスをいただく

鳥居《とりい》をくぐると、そこにはお正月のような、晴れやかでおめでたい「気」が満ちています。それが本殿《ほんでん》前というのなら、まだ話はわかるのですが、参道の入口を入ったばかりのところで、です。

そんなに明るい景色でもないのに、なぜ？　というのが正直な感想でしたが、神社の境内《けいだい》には初詣《はつもうで》の時のような、どこか華やいだ雰囲気がありました。

「不思議な神社だな～」と思いつつ、少し進むと右手に末社《まっしゃ》の「三峯社《みつみねしゃ》」がありました。埼玉県の三峯神社から勧請《かんじょう》しているそうで、小さな古いお社《やしろ》でしたが、本当

に三峯神社から眷属《けんぞく》が1体来ていました。

手を合わせて、

「オンガさん（三峯神社の眷属の親分です）によろしくお伝え下さい」

と言うと、キリリとした感じで微笑《ほほえ》んでいました。三峯神社の眷属は、下々のほうまですべての眷属が真面目です。ここでも真面目にお仕事をされているようでした。

参道の左側にはお稲荷《いなり》さんもあります。並んでいる赤い鳥居が美しいため、写真撮影をする人が次から次に来ます。撮影の邪魔をしては申し訳ないので、神前で長く手を合わせることは遠慮しました。

並んだ鳥居の横にベンチが設置されていたので、お稲荷さんにゆっくりお話をしたいという方はそこに座ることをおすすめします。せかせかしなくてすみます。

参道に戻って少し歩くと目の前に本殿があります。境内はそんなに広くないのですが、参拝客が多く活気があって、とてもにぎやかです。

本殿前の左手にある参集殿《さんしゅうでん》にはカフェが併設されていました。

私が行った日はとても寒かったので、カフェで紅茶を飲んで体をあたためました。オープンカフェですから外にテーブルやソファがあります。これがとてもよかったです。居心地のよいソファに座り、ゆっくりお茶を飲みながら本殿をぼけ〜っと眺められるという、贅沢《ぜいたく》なカフェとなっています。

本殿の左脇から奥へ行くと、樹齢2000年の大楠《おおくす》があります。このご神木《しんぼく》がビックリするほど大きいです。たしかに2000年は軽〜く生きていそう、という楠です。

幹を1周すると寿命が1年延びるという伝説があるそうで、どうしようかな……とさんざん迷いましたが、とりあえず1周だけしました。

木があまりにも太くて大きいため、木のあちこちに別の植物が生えています。「縁起がいいな〜、見せてもらえてありがたいな」と思ったのは千両です。大楠の2メートルの高さあたりに、赤い実をいっぱいにつけた元気のよい千両が生えていました。

ご神木に宿っている仙人のような神様は、ひたすらニコニコしていました。人々がベタベタさわっても笑顔を絶やしません。細かいことは気にしない、そんな大らかなご神木です。「笑顔」だけがそこに存在しているというオーラを放っていました。

このご神木の下に立って、エッセンスを振りかけて下さいとお願いをすると、ご神木です。

「包容力」とか「心のしなやかさ」をいただけます。人格向上ですね。ありがたい

弁天社の手前に強大な金運パワーの岩が

さて、神社の紹介はこれくらいにして、私がここで「うわぁ！　すごいっ！」と思ったことをお伝えします。それは、ズバリ弁天《べんてん》さんです。

本殿の右手に赤い鳥居があって、扁額《へんがく》に「來宮辨財天」と書かれていたので、「へぇ～、弁天さんがいらっしゃるのか～、ちょっと手を合わせておくかな」と、まったく期待せずに石段を上がりました。

そこにはそんなに大きくないお社があり、手を合わせて……ビビりました。ものすごく強いパワーを持った弁天さんだったのです。

ひょえぇぇぇー！　と、思わず声をあげそうになったのは、パワーも驚きなのですが、弁天さんのお姿にもビビったからです。

ここの弁天さんはものすごーーーーーく美人なのです！　女優？　というくらい、美しいお顔をしていました。「うわぁ、すんごい美人！　その美しさを分けて下さいって願掛けをしたら、ちょっとだけでも美人にしてくれないかなぁ」など

と、こっそり「本気で」思ったくらいです。

弁天さんは凛《りん》としていて、どちらかというと厳しめの性質です。眷属を見ると、これまた、ひょえぇぇぇー！　と、思わず声をあげそうになったくらい、たくさんの白ヘビがいました。

そこで弁天さんが、

「下から見てみなさい」

とアドバイスをくれました。

慌《あわ》てて石段を下り、さらに本殿前の石段も下りて、弁天社の下のところへ行くと、そこには池がありました。大きな池ではありません。小さな普通の池なのですが、水の向こうに……弁天社の手前と言ってもいいのですが、そこにしめ縄が張られた巨大な岩があるのです。ものすごく強いエネルギーを持った岩です。

岩の上部には、その岩を削って作ったと思われるヘビの石像があります。岩のまわりには、ヘビを浮き彫りにした三角の石などが置かれていました。

どうしてこの岩のパワーが強大なのかというと、弁天さんの眷属が「全部」ここに宿っているからです。白ヘビの巣、みたいな感じです。

岩にはもともとパワーがあったようで、だから眷属の白ヘビをそこに入れられると言いますか、宿らせることができるのです。白ヘビをうじゃうじゃと宿らせているため、さらにパワーが増大している、というわけです。

強烈なパワーですから、なんとかしてパワーをもらえる方法はないのかな？　と思っていたら、

「岩をさわればよい」

と、弁天さんが涼やかに言います。池のところでは、水の向こうに岩があるので当然、さわることは無理です。

え？　さわれるのですか？　と半信半疑でもう一度、弁天社への石段を上がろうとしたら……なんと！　この岩の上に、コンクリートの石段が作られていたのです。石段を岩の上に載っけている、という構造です。ですから、石段の一番上まで行くと、岩を撫《な》で撫でることができます。

やってみました。やはり、ものすごいパワーです。

やり方は左の手のひらを岩に密着させて、自分の波動を岩の波動と同化させます。手のひらから吸うのではなく、自分と岩を同化させることによってパワーをもらう、浴びる、というわけです。

眷属は白ヘビですから、しかも、うじゃうじゃといますから、金運にごりやくがあります。この神社にはお金を洗う場所はありませんが、岩にお金をくっつけることで、白ヘビパワーでお金の念の垢《あか》を落としてもらえます。

どうしてそのようなことができるのかというと、池の横には絶えず清い水が流れていて、その作用を岩の力を通じて利用することができるからです。非常に珍しいです。

岩にくっつけるのはコインでもお札でもかまいません。長い時間くっつける必要はなく、3秒くらいで十分です。それでお金についた念の垢が落ちます。

念の垢が落ちるとそのスペースに新たにお金が流れ込むので、金運がアップします。白ヘビパワーが強いため岩をさわるだけでも金運が上昇するという、ありがたい弁天社なのです。

ここの弁天さんは本殿の神様から独立した存在で、完全に別のお社となっていました。こんなに金運にごりやくがあるのに、どうして有名じゃないのだろう、と不思議に思いました。

本殿の神様はおっとりした大きな神様です。優しくてほんわかしています。

心が晴れやかになる神社で、金運に特化したごりやくをもらえる弁天さんもいて、大楠のご神木も縁起がいいし、三峯神社の眷属もいて、伏見《ふしみ》稲荷《いなり》大社《たいしゃ》から来たお稲荷さんもいます。神様方のほうもにぎやかな、そんな來宮神社でした。

心あたたまる至れり尽くせりの神社

旦《あさ》飯《いい》野《の》神《じん》社《じゃ》

新潟県阿賀野市

素晴らしい！　心の中で大絶叫！

「神社仏閣は行ってみなければわからない」という言葉を、私はブログを始めた当初から言ってきましたが、今回この神社を参拝して格言にしようかと思ったくらいです。日本にはいろんな神仏がいて、私が知っているのはまだまだその一部なのだということを実感しました。

旦飯野神社はのどかな風景が広がっている地域にあります。

私は会津若松市のほうから車で行ったのですが、ナビの道の選択が悪かったのか、コンビニに1軒も出合わず……トイレを必死で我慢していました。ですから、神社に到着するなり駆け込んだのはトイレでした。

神社には、たまにですが、ありえないくらい古いトイレ、最悪に汚いトイレがあります。すごくいい神様がいるのに「なんでこんなに汚いトイレなのだろう」と閉口してしまうことが、まれにあります。ですから、神社のトイレを借りる時はあらかじめ覚悟をして入ります。

しかし、ここ旦飯野神社のトイレはとてもキレイで、デパート並みの清潔さでした。本気で感動しました。思わず便器に向かって合掌《がっしょう》をして頭を下げたくらい、ありがたかったです。トイレを借りた分、多めにお賽銭《さいせん》を入れなければ！　と思いました。

鳥居をくぐった先に神門《しんもん》があり、参道はここからとなっています。

神門の柱に「こま犬さんの頭はなでてもいいです」と書いた紙が貼られていました。見ると、黒っぽい陶器でできた狛犬《こまいぬ》がいます。撫でやすいように下に置かれていて、さらに撫でやすい頭に作られていました。

「傘のない方、神社の傘をご利用ください。傘は駐車場の『修祓所』の『傘立て』に入れてください」と書かれた紙が貼ってある傘立てに、傘が20本以上用意されています。なんて親切な神社なのだろう！　と思い、神門をくぐりました。

参道を上ったところに拝殿《はいでん》があるのですが、神様に会う前にまず境内をぐるりと見せてもらいました。

社殿《しゃでん》の右側からまわると、本殿の背面には、「御神霊石」と表示されている大きな丸い石があります。私が見たところ、人間にとって特別なごりやくはないようですが、多くの信仰を集めている石です。霊的世界のバランスを取っている石なので、重要な石とも言えます。

境内社《けいだいしゃ》も何社かあったのですが、ふと見ると、地元の方でしょうか、やや年配の女性が境内社のひとつに熱心にお参りをしていました。90度に腰を曲げて、深々とお辞儀をしています。女性は他の境内社にお参りすることなく、そのまま去って行きました。

なんの神様かな？　とそばに行って見ると「雷《いかずち》神社《じんじゃ》」と書かれています。「耳の悪い人を助け守る」という説明があって、私も耳が弱いので二礼二拍手一礼でご挨拶をしておきました。

拝殿の左側から正面に戻るところに、レジ袋が30枚くらい束ねて掛けられています。え？　これって何？　とそこにあった張り紙を読むと……。

「境内のミニトマト・バジル・どんぐりなどをお持ち帰りになる方はこちらの袋を

ご利用ください」と書かれているではありませんか。そばには、2つの大きなプランターにミニトマトが、2つのプランターにバジルが植えられているのです。

「『日飯野神社』ミニトマト・バジルです。ご自由にお採りください。お持ち帰り用の袋が社殿入口にあります」とも書かれています。その下にはハサミが3本、カゴに用意されていました。

なんて素晴らしい神社！　親切すぎる〜！　と心の中で大絶叫です。

神社の境内にある〝生きた〟ミニトマトやバジルは、ご神気《しんき》をたっぷり浴びて、それを吸収しています。口から入れることによって、体の中から浄化をしてもらえる、そのようなありがたいものなのです。

「是非是非《ぜひぜひ》！　ひとつ下さい！」とミニトマトを見たら、赤い実はすでに収穫されていて、まだ熟していない緑色のものしかついていませんでした。これが赤く実った時に、必要とする人がやって来て、ミニトマトは正しくもらわれていくのだろうな、と思いました。今日の私じゃないんだな、と。

ちなみに3つも4つも赤いミニトマトがあったとしても、欲張らないほうがいいと思います。家族が4人だったとしても、1個を4等分すればすむ話です。

ご神気をいただくのに量は関係なく、体内に入ればそれでオーケーです。他にも必要としている人（特に闘病中の方）がいるかもしれないので、みんなで仲良く分けましょう、という精神を持つと神様に喜ばれます。

バジルのほうはまだあったのですが……バジルを使ったオシャレな料理が作れないので、こちらはパスしました。今考えると、もったいなかったかな～、いただくべきだったな～、と思います。

ありがたいものがたくさんある神前

拝殿に入ると、これがまた驚くほど至れり尽くせりの親切ぶりで……。まず、どんな神社なのかということで、先に内部の様子を書きます。

神前には「祈願鈴」と書かれた、金色の鈴があります。鳴らすように置かれているので、遠慮なく振らせていただくといいです。涼やかな音が悪いものを祓《はら》います。房が赤いものと紺色のものの2種類がありました。

神前にはたくさんのものが無料で提供されています。

「おみくじ」「こどもみくじ」「歯固めの石」「御神酒《おみき》」「福あめ」などです。

おみくじは他の神社で100円を納めて引くごく普通のおみくじですし（200円という神社もあります）、こどもみくじもそうです。

御神酒のところには、「ご自由にお飲みください。神様にお供えしたお酒です。ご利益《りやく》をいただいてください」とありがたいことが書かれていました。盃《さかずき》がたくさん積んであって、使用後は横のカゴに入れるようになっています。

福あめというのは、大きめのカゴにいろんな種類の飴《あめ》がたくさん入れられていて、お好きなだけどうぞ、というものです。

神域に置かれている飴です。神様に健康をお願いする時や平癒《へいゆ》祈願などをする時に、ひとつもらって神前に置きます。神様に「治すパワーをこの飴に入れて下さい」とお願いし、体内に入れるといいです。

拝殿内を見ていると、どうしてここまで親切なのですか？　と聞きたくなる、そんな神社なのです。

おふだとお守り、絵馬《えま》はセルフで買えるようになっていますから、じっくり心ゆくまで選べます。お値段も良心的でした。

ご朱印《しゅいん》は無料ですが、セルフです。用紙がたくさん積んであって、それを１枚いただいて朱と黒のスタンプを自分で押す、というものでした。

拝殿内は明かりがこうこうとついていましたし、なんと！　エアコンまでつけてあるのです！　このエアコンが非常にありがたかったです。

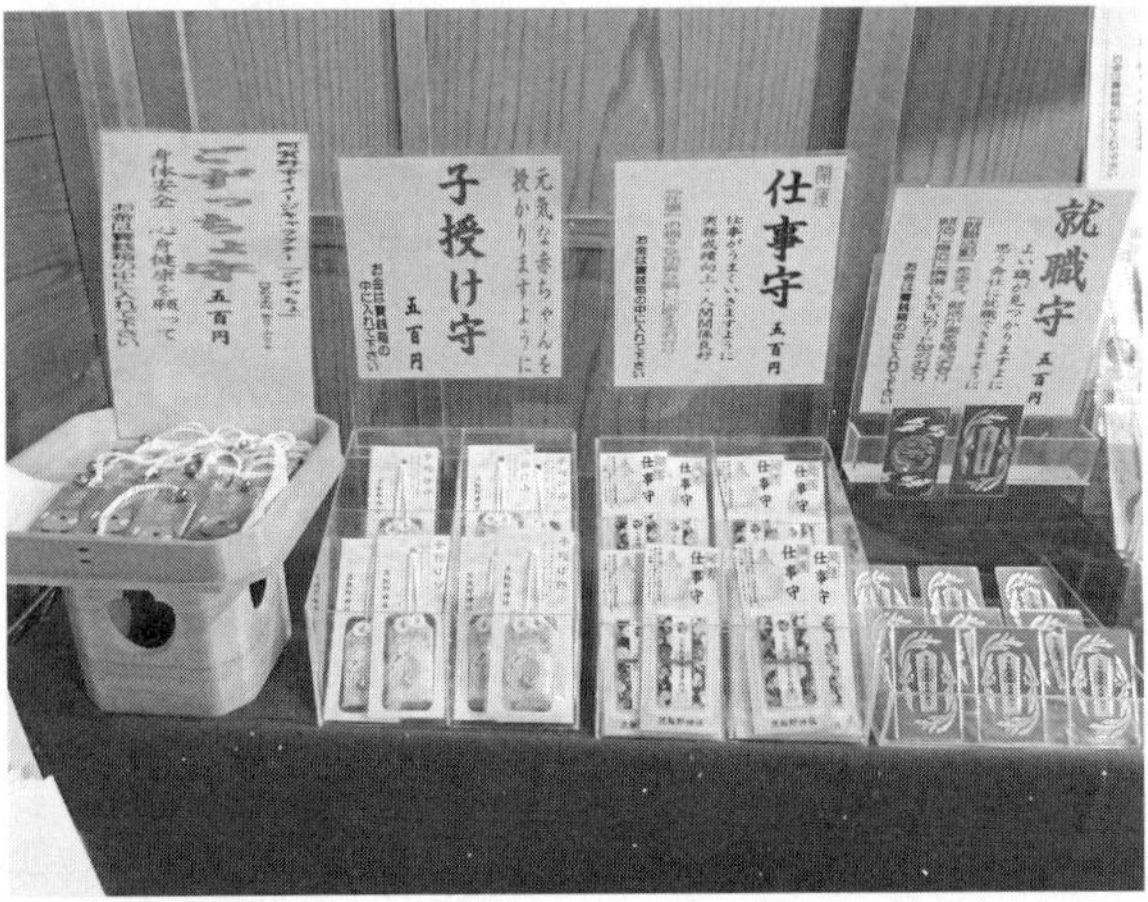

というのは、この日は雨が降っていて、蒸し暑く（6月下旬でした）、不快指数が高かったのです。じめじめ、じとじとしていて大変不快な天気なのに、拝殿内は爽《さわ》やか～でした。

「ス～ッとするぅ～」「気持ちいい～」というセリフが思わず口から出ただけでなく、「天国～」とまで思いました。

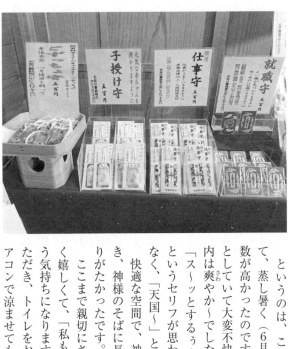

快適な空間で、神様とも長くお話ができ、神様のそばに長くいられることがありがたかったです。

ここまで親切にされるとなんだかすごく嬉しくて、「私も親切にしたい」という気持ちになります。おみくじや飴をいただき、トイレをお借りしたことや、エアコンで涼ませてもらったお礼として、多めにお賽銭を入れさせてもらいました。次の人のおみくじ代、飴代になればいいな〜、と思ったのです。

笑顔を奉納して福をいただく

どのような神様がいらっしゃるのか……そこが皆様の気になるところだと思います。実は私は駐車場を間違えて少し離れた場所に車を停めました。そこからてくてく歩いて神社に向かったのですが、神様は神門のところまで降りてきて、お出迎えをしてくれたのです。

えっ？　神様なのに？　しかも初めての参拝なのに？　と驚きました。

なんて気さくで優しい神様なのだろう、とは思いましたが、まだ神社がどんな感じなのかがわかっていませんから、珍しい神様だな〜、と思っただけでした。

先に境内や拝殿の中を見せてもらって、居心地のよい神前で神様にゆっくりお話を伺いました。

神様は茶色の作務衣《さむえ》みたいな服を着ています。でも上着は、着物のような合わせ目があるものではなく、貫頭衣《かんとうい》みたいに上からスッポリと着るタイプです。ズボンの裾《すそ》はしぼってあってふっくらしています。

「変わった服装だな」と思いましたが、たまにどうしてその服装？　という神様もいるので、単純に好みの問題なのかもしれないと、その時は気にもとめませんでした。

この神様は、人間が修行をして神様になったタイプではなく、もとから神様です。

さて、何を聞こうか、と思った時に、神門までお出迎えをしてくれたことを思い出し、わざわざお出迎えをしてくれるなんて、何か特殊な神様なのかも？　ということで、

「神様にいただけるごりやくって、なんでしょう？」

と、お聞きしました。

すると神様は、にっこーーーーーと破顔《はがん》します。

「おぉ〜、福々《ふくぶく》しいとはこのことか」と実感したくらい、笑顔が輝いていて、パワーがありました。そしてなんだかほっこりと縁起がいいのです。神様は優しい笑顔のままでこう言いました。

「福、かのぅ〜」

へ？　ごりやくが福？　え？　どういうこと？　とお顔を見つめると、なるほど

お多福《たふく》のように見えないこともありません。あ、違いますね、男性として現れていますから福助《ふくすけ》でしょうか。

ん？

あーーーーーーーーーーーーーー！　わかったたっ！　福の神なんだ！

福の神って本当にいるんだ！　へぇぇ～、ほぉぉ～、と私が一人で大騒ぎをしていると、神様は福々しいお顔で、またしても、にっこーーーーーと微笑みます（長音が多くて申し訳ないのですが、使わないと表現ができません～）。

笑顔に強力なパワーがあって、福をもたらしてくれるのだとわかります。笑うとパワーがドバーッと放出されるのです。

「神様のその笑顔で福をもらえるんですか？」

「うむ」

ただし、ひとつだけ条件がある、と神様は言います。

「願う時に、ワシに笑顔を向けるように」

これはつまり、神様のほうを向いて、にっこり！　と〝笑顔を奉納〟するということです。

普通は神様に向かって頭を下げ、「お願いします」と言いますが、この神様の場合、「お願いします」と言ったあとに、顔を上げ、神様に向かってとびきりの笑顔を見せる、というわけです。

神様は参拝者にニコニコしてほしいそうです。「笑顔が好き」だと言っていました。

ああ、なるほど、だから神職《しんしょく》さんに働きかけて居心地のよい神社にしたのか～、参拝者が喜んでニコニコするのが嬉しいという、本当に福の神なのだな、とわかりました。

そこで私も願掛けをして、神様に向かって、にっこりぃぃぃー！　と笑って、笑顔を奉納してみました。

しかし、ですね、いきなり笑顔を作るというのは意外と難しいです。張り切ってやった1回目は妙に引きつってしまって、笑顔を無理やり作ってみました！　という感じになり、「失敗、失敗、もう1回」とやり直しました。

2回目も若干、口もとがヒクヒクし、「う～ん、これはとびきりの笑顔と言えないのではないか……」とやり直し、3回目でなんとかマシな笑顔になったので、よしとしました。

神様はそんな私を見て大笑いしており、

「楽しいの～」

とホロホロと笑っていましたが、この時の願掛けは後日、しっかり叶《かな》えてもらいました。

一応、防犯カメラはあるのです、拝殿内に。ですから、シーンとした誰もいないところとはいえ、たった一人なのに、すんごい笑顔を見せることに抵抗はありましたが……。恥ずかしいとか、変な人と思われるかもしれないとかは、二の次でした。神様のほうが大事なので、思いっきりやりました。

もしも社務所で、誰かが何気なくカメラを通してこの光景を見ていたら、凍りついていたのではないか……と思います。手に持っていた湯のみなんかを落としていたりして……(笑)。よし！　決まった！　というところで、笑顔をちょっとキープしましたし～。

何もない、おかしくもないところで笑顔を作るのは難しいです。しかし、神様に向かって何回かやってみたら、心がふくよかになりました。表情は作ったものですが、顔につられて心が笑顔の方向に動くのです。

「魔」を追い払うコツ

神様が言うには、どんなに苦しいことがあっても、どんなにつらいことがあっても、笑顔を忘れてはいかん、とのことです。

苦しい時、つらい時にこそ、ニコニコと笑顔をたくさん作るとよいそうです。

「顔だけでも福々しい笑顔にしておきなさい。そうすれば心もついてきて、どん底まで落ちない」

とも言っていました。

それがなぜ大切なのかと言いますと、どんなに苦しいめに遭《あ》っても、つらいめに遭っても、ニコニコしている——そんな人に「魔《ま》」は長く憑《つ》かないからです。

「魔」に憑かれて運が落ちたり、体調が悪くなったり、心の調子が悪くなっても、ニコニコしていると「魔」は離れていくそうです。

こいつは人を羨《うらや》んだり、世間を恨《うら》んだり、憎しみを持って毒を吐いたり、どす黒い悪念を持ったりしない。じゃあ、俺たちの好きなタイプの人間ではないな、ということで離れるらしいです。

心を落とすことなくニコニコして頑張れば、「魔」は自分から離れていく、というわけですね。しまった、こいつ、嫌いなタイプのやつやったわ、と。

神様はずっと柔らかく微笑んでいました。そのお顔を見ていると、ウキウキと嬉しくなります。そうなると私も受け答えをする時に無意識に笑顔になっていて、その結果、この神社を去ったあともしばらく〝心が〟ニコニコしていました。もちろん、福の神のよい波動を浴びたおかげもあります。

この神社は、居心地がよく、心が晴れやかに、にこやかに、明るくなります。

この原稿を書きながら、ふと、神様のあの服装はもしかして、大黒天《だいこくてん》の服かも？と思いました。神様ご本人に確認していないので確実ではありませんが、あちこちで見る大黒天像の服と似ているような気がします。

境内に神社のポスターが貼ってあって、1700年前から越後《えちご》平野を守護してきた、みたいなことが書かれていました。福の神が守るから米どころになり、あの神様が守っているから、美味《おい》しいお米がとれるのかもしれない、と思いました。

人生初の福の神にお目にかかった、ありがたくも珍しい神社なのでした。

神秘の洞窟と海の神様に癒やされる

大御神社《おおみじんじゃ》

宮崎県日向市

感動しまくりの龍宮

東京から朝一番の飛行機で宮崎空港へ行き、そこからレンタカーを運転して訪れました。神社に到着した時は、前日からの睡眠不足と蓄積された疲労で、どよよ～んとしており、さらに不安に思うこともあったりして、暗く沈んだ気分でした。

しかし、ここの神様のパワーと海のエネルギーをもらったら、あっという間に回復して、帰る頃には心身ともに元気はつらつ、鼻歌なんかも出ていました。遠かったけど来てよかった～、としみじみ思った神社です。

空港に着いた時から体がしんどかったので、神社の入口に立ってもテンションは低く、鳥居のところにあったマップもうっかりスルーしてしまいました。

参道をまっすぐに行くと海岸に出ます。そこにあった小さな案内板にふと目が留まりました。

【龍宮《りゅうぐう》（鵜戸神社《うどじんじゃ》）】

ここから歩いて三分の所にあります。五〇〇〇年前、縄文時代の人々が龍神信仰をしていたと思われる岩窟であることが解りました。

奥にある御社の前に立ち、入口の方を振り返ると天に昇る白龍がご覧いただけます。】

文章の横には洞窟の割れ目らしき写真がありました。「洞窟かぁ〜。せっかく来たんだから、ちょっとだけでも見とこかな」と、このように観光っぽい気持ちで行ってみることにしました。

林のようなところを少し歩くと急勾配《きゅうこうばい》の石段があって、下へと続いています。高低差が結構あるので下りる時にドキドキします。

石段を下りたところに、ぽっかりと口を開けた、縦長の大きな洞窟がありました。「ほぉーーー！」と、予想をはるかに超えた大きな洞窟に驚きました。

洞窟の中には赤い鳥居が設置されています。さっそく中に入らせてもらって奥ま

で行くと、そこには小さなお社がありました。そのお社のところに、「ここから入口を振り返って下さい」と書かれています。言われるままに振り返ってみると……。

うっわぁぁーーーーー！　神々《こうごう》しーーーーーっ！　と叫ばずにはいられない、神秘的な景色がそこにありました。

縦長の岩の隙間《すきま》から、光が暗い洞窟内に差し込んでいるのです。絵になります。天《あま》の岩戸《いわと》を開けたところ、というのが私の印象です。

この洞窟は岩から植物がたくさん生えていて、しかも天井《てんじょう》部分の岩から生えて下に向かって伸びている草もあり、岩にパワーがあることを証明していました。あたたかいパワーなのです。

目の前に広がる砂浜もとってもよい波動を放っていました。運よく引き潮だったのでそのへんの浜を歩きまわりました。

洞窟から海に向かって右側に、岩が深くくぼんだ部分があります。そこに立つと海の波動を全部受け取ることができます。誰も来なかったので、しばらくそこで多くの癒《い》やしを独り占めさせてもらいました。

この洞窟にいる間、感嘆詞「ほぉー！」の連続で、ひたすら、ホーホー言いました。お前はフクロウか、と自分でも思ったのですが、それ以外の言葉はいらないくらい、感動しまくりだったのです。

海の癒やしとパワーを存分にもらって、「ふぅ～」と脱力したような、肩の力が抜けたような、硬かった体がほぐれたような、そんなリラックスした状態になって、本殿に行きました。

本殿でご挨拶をすると神様が出てこられました。もちろん海の神様です。ついでに言えば、龍宮の洞窟にあるお社もこの神様が兼任しています。

人間の体を整える海のパワースポット

神様のお話を書く前に、もうひとつの海の癒やしについて書いておきます。

本殿に向かって右手の横っちょから、海岸に下りられるところがあります。石の段差を下りると、その下に木のはしごがかけてありました。

本殿裏の海岸は、海岸でありながら神社の境内です。この浜辺には癒やされまくりで、パワーがすごかったです。引き潮だったし、誰もいなかったので、心ゆくまで歩きまわったのですが、土地が持つエネルギーが巨大でした。

本殿の裏には見事な柱状節理《ちゅうじょうせつり》があります。柱状節理とは、

【岩体に入った柱状の割れ目。マグマが冷却固結する際、収縮して生じる。玄武岩では六角柱ができることが多い】（デジタル大辞泉より）

と辞書にあります。

簡単に言うと、柱のような縦に長い棒状の岩が集まって大きな岩を形作っている、そのように見える岩です。それが斜《なな》めになっていて、柱の長さもそれぞれ違い、岩の表面は柱の角がカクカクしているので、何かの結晶みたいに見えます。

その柱状節理と木々、お社の組み合わせが非常に美しく芸術的で、海岸から見た

その景色はなぜか古代を思わせます。波の心地よい音を聞きながらのんびり歩いていると、

「こっちだ」

と、神様に言われました。目の前には大きな岩があったのですが、その向こう側へ行ってみなさいと言うのです。

とりあえずその大きな岩に登ってみました。岩の向こう側には貝がいっぱいついていて、海藻もたくさん生えています。つまり、岩の向こう側は満ち潮の時は、海中になるわけです。潮が満ちていたら、行けないところです。

「下りてみなさい」と言われて、半分くらい岩を下りてみました。

その岩の目の前にある、岩が三角形を作っている海域が清浄な聖域であり、その中の海水が聖水なのだそうです。見ているだけでも癒やされるという、パワーの強さでしたから、相当力を持っている聖域だと思います。

私が登っていた大岩の先端部分は、平らな台のようになっており、そこにバッシャーン！　バッシャーン！　と波が当たっていました。

台の上に打ち上げられる海水も聖水だということで、「ほ〜、それはちょっと、確認のためにさわってみたいな」と思いましたが、岩には貝がびっちりくっついて

います。先端の台のところまで行こうと思ったら、貝をバリバリと踏まなければいけません。

「無理だ……」と思いましたが、よーく見ると、貝がくっついていない場所もあります。

「うまく貝を避《よ》けていけばなんとか行けるかも……。あ〜、でも、岩は濡《ぬ》れているし、海藻もいっぱい生えているしで、つるりんとすべる可能性があるな。おっとっとーと手でもつこうもんなら、ザックリ切れるタイプの貝やしな〜、これは」

祖父母の家が海の真ん前だったので、この手の貝がどれほど危険か、ということを知りすぎるくらい知っています。子どもの頃、何回ザックリ切ったことか……と記憶が蘇《よみがえ》ってきました。傷は意外と深いので、切ってしまったらなかなか治らないのです。

「う〜ん、嫌やな、そんな冒険はできません」とあきらめました。

夏だったら、岩をぐるっと大まわりして行くことができそうです（遊泳禁止でなければ、の話です）。大潮《おおしお》の干潮時なら、もしかしたらぐるっと歩いて行けるかもしれません。

三角形の海域も台の上もパワースポットだということです。ここは海のパワースポットなので、癒やしと浄化の作用が大きく、そこにプラスして、人間の体を整えるという神様のごりやくもあります。

海の神様は人間の体内にある水分を整えます。人間の体液は海水と同じようなものだからです。体液を元気にすることによって、疲れている体が回復するし、病気なども治ります。

この項の冒頭に書いた、私の肉体的・精神的な疲労が、すっかり消滅したのもパワースポットの力と神様のごりやくのおかげなのです。

海の神様はオールマイティー

神様といろいろなお話をしながら海岸から戻り、本殿前を横切って……ふと見ると、そこにとても大きな看板がありました。

米寿《べいじゅ》とか喜寿《きじゅ》などの長寿のお祝いの説明、厄年《やくどし》の説明などが大きく書かれていて、そこに祈禱《きとう》の種類も列記されていました。家内安全とか、厄祓《やくばらい》、安産、受験合格などがあり、商売繁盛があって……会社繁栄という文字もありました。

海の神様ですから、なんにでも対処できますが、治す系、癒やし系がメインというか、そちらに強いです。だけど、なんと言いますか、会社繁栄という俗世的なこ

とはこの神様に似合っていなくて……そこで神様に、

「神様？　あそこの祈禱のところに会社繁栄って書いてますけど……？」

と聞いてみました。すると、

「かまわない。それもしてやる」

と言うのです。

「えええっ！　そうなんですか？」

神様の雰囲気と、もろに現世利益みたいな部分が合わないんですけど～、と思いつつ、

「それって、あの……会社を……繁栄させるんですよね？」

と重ねて聞いてみました。

「漁師が来れば、豊漁」

「はぁ……」

「農家の人間が来れば、豊作」

「えっと、それはどういう意味なのでしょうか」

「会社繁栄と同じ、ということだ」

「えええーっ！　全然違うような気がします」

と、神様に向かって反論をしたところ、神様はフフフと笑い、丁寧に教えてくれました。

たとえば豊漁ですが、神様が魚を一定の海域に集め、それを捕らせるのではないそうです（この神様の場合です）。そうではなくて、本人に「富む」という運をつける、「富む」という勢いをつけるのだそうです。

そうすると、その人は裕福になる運を持つことになるわけで、自然と豊漁や豊作になる、という仕組みです。ですから、会社を経営する人が来て、本人に富む運をつけると、自然と会社は繁栄していく、というわけですね。

豊漁も豊作も会社繁栄も商売繁盛も同じ……というのは、この神様だけかもしれません。神様によっては、一定の海域に魚を集めてそれを捕らせる神様もいるからです。この神様はそういった意味では珍しく、会社繁栄をお願いしても、自分が「富む」ようにお願いをしても、どちらも同じで、金運がアップします。

金運にごりやくのある不思議な時空間

祐《ゆう》徳《とく》稲荷《いなり》神《じん》社《じゃ》

佐賀県鹿島市

本殿に神様、山には膨大な数の眷属

ナビが案内する通りにすいすいと走っていて、あと5分程で到着というところで、右折をしました。右折をして入った道路の両脇は畑になっており、はるか向こうのほうまで見渡せます。見晴らしのよいところです。

まっすぐに続いている道路の両側に、同じような高さの山がありました。高い山ではありません。どちらかというと低い山なのですが、見た目は同じ山です。

景色は右折した瞬間に、パッと目の中に飛び込んできました。その時、右側の山だけに、膨大《ぼうだい》な数のキツネが見えました。うわぁーーー！　とビビるくらいの、そ

れはもう本当にものすごい数なのです。伏見稲荷大社ほどではありませんが、というか、伏見稲荷ではない稲荷神社でこれだけの眷属の数はすごいです。

ナビに案内をさせていたので、私は祐徳稲荷神社がどこにあるのか知りませんでした。けれどここで、「神社は右側の山にあるのだな」ということがわかりました。

駐車場から赤い橋を渡ると、鳥居がいくつかあります。一番手前の鳥居には長いしめ縄がつけられていて、しめ縄の両端は柱にくくりつけられ、そのまま柱を伝うようにして地面に垂らしてありました。地面のところには榊《さかき》もくくりつけられています。不思議な形のしめ縄ですが、神域とこちらの世界をくっきりと分けていました。

そこにいた狛狐《こまぎつね》が「遅かったではないか」というオーラを発して、私をじっと見ていました。当日の時間のことではなく、あちこちのお稲荷さんに参拝しているのに、この神社にはなかなか来なかったな、というニュアンスです。

楼門《ろうもん》は鮮やかな色彩で美しく、「随神《ずいじん》（祐徳稲荷神社の表現に従っています）」が、なんと！　有田焼でした。さすが佐賀だと思いました。本殿は華やかな朱色の懸造《かけづく》りになっていて、しばし見とれてしまいます。素敵な景観の境内です。

社殿の背後に山がありますが、この神社の神様は本殿にいます。

伏見稲荷大社は、神様が稲荷山のほうにいて、ふもとの社殿には多くの眷属たちが詰めています。神様に〝直接〟お願い事をしたい場合は、稲荷山に登ってお願いをします。

しかし、ここ祐徳稲荷は逆になっており、メインの神様が本殿にいるのです（位の高い眷属たちもです）。多くの眷属は山のほうにいて、そちらから神様のお仕事を手伝いに来たり、山に来た参拝者のお願いを直接聞いたりしています。

私はまず、本殿で軽くご挨拶をしてから、山に登りました（すべてを見たあとで、神様にお話を聞こうと思ったのです）。

この神社の山には、それはもうたくさんのお社や祠《ほこら》があります。スルーして歩いてもいいのだろうかと、悩む人が多くいるのではないかと思いました。お塚《つか》信仰（個人用の祠）の石碑などもあちこちにあります。

新しい、もしくはお手入れが行き届いているお社や祠ばかりではありません。完全に壊れていたお社も少なくなかったし、壊れかけているもの、寂《さび》れているものもたくさんありました。きっといろんな事情があるのだろうと思うのですが、放置されているものが多かったです。

寂れたお社にパワーのある大黒像が

奥の院への参道は2本あって、メインの参道には細い横道がたくさんあります。その中で、もったいないな～と思ったのは、右手に大きな石があり、その先の石段を数段登ったところにある「朝日乃森社」と書かれた鳥居を持つお稲荷さんです。

このお稲荷さんは大変強い力を持っています。ご自分専用の眷属を大勢従えていて、祐徳稲荷神社の一員としてではなく、独立してここにいます。別神社、と思ったほうがいいお稲荷さんです。参拝者が極端に少ないので、目をかけてもらえる率も高いです。

「力が強くて、眷属もたくさんいるのに、もったいないですね」

「社は朽《く》ちているが、力が強いのは横にもいる」

え？　どこどこ？　と、朝日乃森社の向こうを見ると、小さなお社が3つ並んでいました。一番奥の木のお社から、高波動が漏《も》れています。

朝日乃森社から少し距離がありましたが、そのお社に向かってご挨拶をすると返事をしてくれました。そのパワーが妙にハッキリくっきりしています。朝日乃森社のお稲荷さんが言うように、力がとても強いのです。ですから、離れているのに会話がものすごくクリアなのです。

小さなお社の正面に立って中を見ると、キツネの置物や御幣《ごへい》、ミニサイズの鳥居しかありません。しかも、そのキツネの置物はただの置物です。眷属が宿っているわけではないのです。

はて？　とまさにキツネにつままれたような気分になりました。どこに強いお稲荷さんが鎮座しているのだろう？　と思ったのです。そこで、

「ちょっと失礼致します。お社の中を見せて下さい」

と、お断りして中を覗《のぞ》き込んだら……そこには、大黒さんと恵比寿《えびす》さんの大きめの木像が置かれていました！

えええーっ！　こんなんアリ？　というのが、正直な感想です。お社の内部は2段になっていて、下段である手前には小さな鳥居やキツネの置物が置かれており、奥の上段に大黒さんと恵比寿さんがいたのです。

恵比寿さんのほうはただの木像でしたが、大黒さんのほうは神々しく輝いていました。

ひ〜え〜！　こんな朽ちかけた、しかも小さなお社に大黒さんが置きっぱなしで、その中に神様が入っているとかアリなん⁉　と心底驚きました。

「お稲荷さんのお塚信仰なのに、大黒さんを置いてもいいのでしょうか？」

「像は大黒だが、入っているのは稲荷

だ」

「へぇぇーっ！　そうだったのですね！」

お稲荷さんが大黒さんの像に宿る、というその事実に、これはこれで驚きました。しかしパワーのあるお稲荷さんです。眷属を持たない一匹狼《いっぴきおおかみ》タイプですが、本当に強いです。

大黒さんのお姿の中に入っていますから、お金の願掛けに力を発揮します。

お社は前を通るだけでもよい

奥の院への参道はもう1本あります。メインの道の右側に、お堂からはみ出している岩がとても目立つところがあって、そこから登ると奥の院に正面から行けるようになっています。

こちらの参道脇にいるお稲荷さんたちは、手を合わせなくてもいいからこの道を通ってほしいと言っていました。念のため、大黒さんに入っているお稲荷さんにそこを確認すると、誰も通らず寂しくいるよりは、1人でも通ってもらえたらありがたい、とのことでした。

手は本当に合わせなくてもいいそうです。

本殿に戻って、今度は祐徳稲荷のご祭神《さいじん》にお話を聞きました。ここの神様は京都御所から来たという由緒《ゆいしょ》になっています。

「たしか、朝廷から来られたというお話でしたよね？」

「いや、伏見から来た」

あれっ？　なんだか話が違うんですけど……と思った私は、その場で神様に背を向け、こっそり（といってもバレバレですが）スマホで調べてみました。すると、やっぱり京都御苑の花山院邸《かざんいんてい》から勧請されたことになっています。

日本大百科全書（ニッポニカ）には**【京都花山院邸内に祀られていた稲荷大神の分霊を勧請したのに始まる】**と、ハッキリ書かれているのです。

う〜ん？　と考えて気がつきました。あ、そうか、京都御苑の花山院邸に祀られていたお稲荷さんは伏見稲荷から勧請されたってことなんだ……ルーツは伏見稲荷なんだな、と思った私は、なるほど、とスマホをしまいました。

「お前は……疑うなぁ」

神様は気を悪くするでもなく、楽しそうに笑っています。

「ええ。どの神社でも疑問に思ったことは、その場で調べています」

だって、ですね、神様、私は中途半端な話や、あやふやなことは書けないんです、と言うと、神様は「わかっておる」というふうに頷《うなず》いていました。

そして真相を教えてくれました。

伏見稲荷から花山院邸へ行き、そこから祐徳稲荷に来たのではなく、この神様は伏見稲荷から直接来られています。

神様という存在は分霊《ぶんれい》をすることができません。勧請をしようにも花山院邸のお稲荷さんは1体だけだったので、勧請ができなかったそうです（眷属がいれば、その中の1体が勧請されたところに行きます）。

花山院邸のお稲荷さんは伏見稲荷大社に行って話をつけ、それで新しく伏見稲荷から直接祐徳稲荷へ、この神様が来たそうです。

京都御所にいたお稲荷さんがここまで大きく強いとは思えませんし、佐賀に来てから修行をしてこの大きさになったことも考えられません。なんか変だな、と思っていましたが、納得できました。

私は祐徳稲荷に3時間以上滞在しました。いくら山に登ったからといっても、せいぜい1時間半コースです。どうしてそんなに時間がたっていたのか……なんとも不思議な時空間でした。

祐徳稲荷はお稲荷さんですから、特に金運にごりやくがあります。

これからどんどん大きくなっていく、応援しがいのある境内社
樽《たる》前《まえ》山《さん》神《じん》社《じゃ》

北海道苫小牧市

頭上をかすめて飛ぶ龍

12月に行きました。やっぱり寒いんですね、北海道は。

私が行った日はお天気がよかったのですが、日暮れが近づくと気温は氷点下になり、手がキンキンに冷えて凍りそうでした。２０１８年の12月はあたたかい日が続いていたので、北海道も大丈夫そう！　と行ったのですが、やっぱり寒かったです。

樽前山神社は樽前山に奥宮《おくみや》がありますが、冬季は登れないため、里宮《さとみや》のほうに行きました。広い駐車場に車を停めて境内を正面から見ると、色あざやかな社殿が美しいです。鳥居はなく、石柱にしめ縄が張ってあって、その下をくぐるようになっ

ています。

社殿でご挨拶をして祝詞《のりと》を唱えていたら、どこかからいきなり龍がぐわぁーっと力強く飛んで来ました。しゅるる～ん、と優雅に泳いで来たのではなく、ぐわぁーっと、びゅうぅーんと、思いっきり飛んで来たという感じです。

樽前山から来たのかな？　と見ていると、龍は社殿の上で静止しています。

その顔が……妙に大きいのです。「顔、でか！」と思ったことはもちろん口には出さず、「大きな顔のせいでバランスがとれず、飛ぶ時に苦労していそう」ということも心の中でひそかに思いました。

大顔の龍がいるんだな……じゃあ、小顔もいるのかな？　という疑問が湧《わ》きましたが、まさか聞くわけにはいかないのでグッと飲み込みました。

龍神《りゅうじん》なのかと思ったら、この龍は樽前山の神様の眷属でした。龍のほうから、

「神を呼ぶか？」

と聞いてくれたのです。

うわぁ、どうしよーかなー、とかなり悩みました。神様にお話を聞きたいので、呼んでもらいたいのはやまやまなのですが、でもやっぱり山でお会いしたいと思ったので、お断りしました。

きっとまた北海道には来るだろうから、その時に登ろうと考えたのです。

龍は社殿の〝すぐ〟上を泳いでいます。もう本当に屋根のすぐ上なのです。

ぎゅるるーん、ぎゅるるーんと力強くそのへんを低空飛行しているため、参拝者の頭上をかすめていきます。大きくて太い龍ですから、頭上をかすめていく時に、龍パワーがもらえます。

常時、この神社にいるのかを確認すると、いつもいるわけではないと言っていました。普段は山のほうにいて、神社で祝詞を唱えられたら、山から飛んで来るとのことです。

祝詞で呼ばれなくても時々見まわりに来ている、と言っていましたから、その時にうまく願掛けをすると聞いてもらえるようです。

願掛けに関しては、叶えるのは山岳系の神様ですから、なんでもオーケーです。神様に直接お話をしたいという人は、山に登るか、ここで神様を呼んでもらいます。呼んでもらうのが申し訳ないと思う人は、龍にお願いをしても大丈夫です。

龍自身が叶えてくれることもあれば、龍が判断できない問題、龍がしたくないと思う仕事は樽前山まで持って帰ります。そこで神様が叶えるようになっていますから、心配はいりません。ちなみに龍の色は緑色でした。

新人の神様はヤル気満々

社殿の左側には末社が2社あります。

まず「樽前天満宮《たるまえてんまんぐう》」ですが、お社は小さめで、昭和61（1986）年に勧請したと書かれていました。「昭和61年って、ついこないだだなぁ」「もしかしたら神様は入っていないかも？」と思いつつ、祝詞を唱えてみました。

すると、予想に反して神様がす〜っと出て来られました。太宰府天満宮《だざいふてんまんぐう》から来られています。

漆《うるし》塗りの真っ黒い烏帽子《えぼし》に、同じく漆で塗った新品でピカピカの浅沓《あさぐつ》をはいています。笏《しゃく》も持っていて、ピンと背筋を伸ばした感じで立っています。どうやら新人の神様のようです。新人だからピカピカの一式を身につけておられるのでしょう。

ここだけの話ですが、新人の神様は掘り出し物というか、お得です。なぜなら、一生懸命にお仕事をして下さるからです。ミスがないよう頑張られますし、細やかなお仕事をされます。天満宮ですから、試験関係、学業成就がお得意です。

その奥にはお稲荷さんのお社がありました。「苫小牧稲荷大明神」というのぼりが立っています。由緒書きには明治24（1891）年に伏見稲荷大社から勧請したと書かれていました。

こちらも期待せずに祝詞を唱えたら、お稲荷さんが出てきました。まだまだ小さなお稲荷さんです。

犬？　と思ってしまう雰囲気で、ちょこんと座っています。豆柴の白いバージョンみたいで、見た目は可愛いです。キツネの恐ろしさがありません。

このお稲荷さんは見た目と違って、ものすごくヤル気満々でした。

「お体がまだ小さいのですね」

と言うと、多くの人に来てもらって、たくさんの願いを叶え、神格を上げる、と張り切っています。

「参拝者がいっぱい来ても大丈夫でしょうか？」

「大丈夫だ、できる限りのことをする」

と、とても意欲的です。苫小牧稲荷大明神の名に恥じないようにする、立派な名前にふさわしい神になる、というようなことを熱く語っていました。

どうやら名前に地名をつけられたのが嬉しかったようです。名前に負けないように、この名前を大きくしたいと言い、頑張る気満々なのです。明治24年に入ったにしては、あまりにも初々《ういうい》しいので、実際に来られたのは最近なのかもしれません。

このお稲荷さんは今からどんどん大きくなっていく神様です。私たち人間が応援してさしあげるタイプの神様で、それは天満宮のほうも同じです。

お稲荷さんも天満宮の神様も、ともに元気よく、明るく張り切っていました。力をつけて、それを人々のために使いたいとのことです。願掛けに来る人全員を助けてやれるような、大きくてパワーあふれる神になる！　という理想を持って、日々のお仕事を頑張っています。

お稲荷さんの熱意に感動したので、お稲荷さんのごりやくである金運の章にこの神社を入れました。お近くの方は、遠慮せずにどんどん願掛けに行くといいです。金運以外の願掛けでもまったく構わないそうです。頑張って下さるとのことです。

「金運」に強い神社仏閣のご紹介
（＊は詳細を書いている書籍名およびブログの日付です）

高屋敷稲荷神社《たかやしきいなりじんじゃ》《福島県郡山市》

風光明媚《ふうこうめいび》な場所にあります。自然が美しく、それだけでも心がホッとする癒やしをもらえます。

私が行った日は、本殿裏手にあるニワトリ小屋の扉が開けられていて、神使《しんし》の烏骨鶏《うこっけい》が何羽か外に出て楽しそうに遊んでいました。そばに来てくれたりして、縁起がよかったです。

池には赤い鯉《こい》ばかりが泳いでいて、こちらも縁起がいいです。運気が上がる要素がいっぱいの境内なのです。

本殿には、1回きりの参拝でも大歓迎してくれるという太っ腹なお稲荷さんが鎮座しています。1回目の参拝で願掛けをしてもいいかとお聞きすると、「なんでも願え」とのことでした。

ここのお稲荷さんは、両手を広げてニコニコと「さあ、飛び込んで来なさい」という感じの、包容力のある神様です。金運に特にごりやくがあります。

大将軍八神社《だいしょうぐんはちじんじゃ》《京都府京都市》

この神社は空間を数学的、物理学的に調整する場所となっています。空間のバランスを取る神社なのです。

しかも社殿には中国から招聘《しょうへい》された、大変珍しい「青蛙神《せいあじん》」という3本足のガマガエルの神様がいます。この神様は道教《どうきょう》で信仰されていた「福の神」だそうで、金運にとても強いです。

さらに境内社である「大杉神社《おおすぎじんじゃ》」はヘビの神様であり、こちらも金運に力を発揮します。妖精のような「豆吉明神《まめよしみょうじん》」もいて、普通の神社とはちょっと変わった雰囲気を持っています。

金運に特にごりやくがあります。

＊『京都でひっそりスピリチュアル』

金刀比羅宮《ことひらぐう》《香川県仲多度郡琴平町》

有名な「幸福の黄色いお守り」は本当に効力が高く、写真に撮って携帯の待ち受けにしても運気がアップするというパワーを持っています。

ただし、そこまでのパワー入りお守りにするためにはコツがあります。授与所で購入をしたのち、奥社《おくしゃ》へ持って行かなければなりません。

奥社のお社の、階段のところにお守りを置いて（紙袋から出して置きます）、神様に波動を入れてもらうよう自分で直接お願いをします。これで半年間はツキに恵まれるお守りとなります。

ここの神様は、金運と招福に特にごりやくがあります。

＊『神社仏閣 パワースポットで神さまとコンタクトしてきました』

早池峰神社《はやちねじんじゃ》《岩手県花巻市大迫町内川目》

神様は山岳系神様ですが、境内の「白龍社《はくりゅうしゃ》」にいる白ヘビ（山岳系神様の眷属です）がキラキラと輝くような強いパワーを持っています。

見えない世界で、お金にこびりついている念の垢を落とせるのは白ヘビだけです。落としてもらうにはお金を「洗う」行為が必要となります。ここは天然の小川（しかも聖水です）が白龍社のそばを流れているという、大変ありがたい神社です。

実際に洗わせてもらった私は、その日に買ったロト6の宝くじが当たりました。3等で22万円余りが口座に振り込まれていました。

このように、お金の念の垢を落とすと、そのスペースに新しくお金が流れ込みます。私のように宝くじが当たるとは限らず、思わぬところからの臨時収入だったり、商売の売り上げが上がったり、給料がアップしたり、なんらかの方法で入ってきます。

この神社の白龍社は金運に特にごりやくがあります。

＊『神様が教えてくれた金運のはなし』

豊川稲荷東京別院《とよかわいなりとうきょうべついん》《東京都港区》

ダキニ天という女性の仏様がいるお寺です。ダキニ天さんは白いキツネの背に乗って、右肩に稲穂をかついでいるお姿です。クールな性質ですが力は強く、稲穂が実るように金運を実らせます。

奥の院の後方にある赤いお社にいるので、奥の院での参拝がおすすめです。

境内にはお金を洗う小さな池があって、そこには弁天さんもいます。弁天さんの眷属は白ヘビですから、ここでお金を洗うと念の垢を落としてもらえます。洗うのはコイン1枚でも大丈夫ですが、「このコインは私のすべてのお金の代表」と念じながら洗うのがコツです。

金運に特にごりやくがあります。

＊『「神様アンテナ」を磨く方法』「ブログ2018年6月15日」

住吉大社《すみよしたいしゃ》《大阪府大阪市》

この神社の末社「楠珺社《なんくんしゃ》」には〝時間〟が持つパワーを蓄えている、樹齢1000年を超えた楠があります。大きな力を持っているご神木です。

楠珺社は、縁起物として売られている品がすべて縁起物という、珍しく縁起のよい神社です。

ここで購入した、裃《かみしも》をまとった招き猫２匹が乗っている、船首が龍の宝船の置物は、我が家でよいオーラを放っています。私は買うことができませんでしたが、参拝した時にもしも枡《ます》の縁起物があったら、購入されることをおすすめします。

金運に特にごりやくがあります。

＊『神様と仏様から聞いた 人生が楽になるコツ』

金剱宮《きんけんぐう》《石川県白山市》

境内社の「乙剱社《おとつるぎしゃ》」にヘビの神様がいます。口を開けてシャーッと威嚇《いかく》するようなお姿で、ちょっぴり厳しめな雰囲気となっています。

ヘビは細長いのが普通ですが、この神様はコロコロとふくよかに太く、さらに驚くことに、体の色が鮮やかな黄色なのです。

ヘビの神様はもともと金運に強いのですが、それが黄色のヘビですから、二重にお金にご縁があります。

この境内社は、金運に特にごりやくがあります。

＊「ブログ２０１７年６月25日」

久《く》井《い》稲《いなり》生《いなり》神社《じんじゃ》《広島県三原市》

鎮座しているのは、伏見稲荷大社の神様に近い、高い神格を持ったお稲荷さんです。すでにキツネ姿を卒業しています。

歴史がある古い神社ですから、興味深いエピソードがあります。

その昔、願掛けをして107日間通い続け、見事願いを叶えてもらったおきぬさんという女性がいたそうです。おきぬさんの願い事は、可愛い我が子の見えない目を見えるようにしてほしい、という難しいものでした。

100日通いますと神様に約束したおきぬさんは、片道4時間弱の道のりを、赤《あか》子《ご》を背負って毎日歩いたそうです。雨の日も風の日も霜が降りて凍える日も欠かさず通ったとのことでした。

100日通ったあとに7日ほどプラスをして、しっかりと約束を守ったおきぬさんに、神様も約束通り、赤子の目を見えるようにしてあげたそうです。それくらい力があるお稲荷さんです。

お稲荷さんですから、金運に特にごりやくがあります。

＊『神仏のなみだ』

銭《ぜに》洗《あらい》弁《べん》財《ざい》天《てん》宇《う》賀《が》福《ふく》神社《じんじゃ》《神奈川県鎌倉市》

大きな洞窟の中に奥宮があります。洞窟内は、水が右手から左側へ流れていま
す。そこでお金を洗うようになっています。
洞窟内には白ヘビがたくさんいます。ここにあるお社には、白ヘビのボスが鎮座
しているので、まずご挨拶と自己紹介をこちらでします。
それから神前を一旦《いったん》離れ、ザルにお金を入れ、それを持ってふたたびお社の前に
行き、念の垢を落としてもらえるようお願いをします。
洗うのはそのあとです。洞窟の右側で洗ったほうが念の垢がよく落ちます。
金運に特にごりやくがある神社です。

＊『神社仏閣は宝の山』

大山稲荷神社《おおやまいなりじんじゃ》《東京都渋谷区》

松濤《しょうとう》という高級住宅地にあるお稲荷さんです。鳥居には寛政六年（約220年
前）という文字が彫られていて、江戸時代にはすでにここにいたようです。
真っ白なキツネの姿をしており、尻尾《しっぽ》の付け根あたりに赤と黒の短いラインが3
本ずつ模様として入っています。ぴょーんぴょーんと走るその後ろには、虹のよう
な光が変化したものが残ります。
お稲荷さんの話によると、お金持ちになるのは、お金を「持つ」人になるのか

「持たない」人になるのか、どちらを選ぶのかという選択肢の問題だそうです。つまり、お金持ちになる・ならないは運命ではないということです。

金運に特にごりやくがあるお稲荷さんです。

＊『神様が教えてくれた金運のはなし』

美保神社《みほじんじゃ》《島根県松江市》

古代の神社を思わせるシンプルな社殿が神聖な空間を作っている神社です。

縁起のよさにこだわった神社でもあり、お賽銭箱の横には「福種銭《ふくたねせん》」が置いてあります。包みの中にはピカピカに磨かれた10円玉が入っていて縁起がいいです。

この10円は使用することで世の中に福の種をまくことになり、それがまわりまわって大きな福となって自分に戻ってくるそうです。ごりやくがあったら包みにお礼を入れて神社に返すようになっています。

絵馬は鯛《たい》が稲穂をくわえてジャンプしているという、これまた大変縁起のよいものです。細長い竹に紐《ひも》をくくりつけて飾るという方法も福を呼びます。

我が家でこの絵馬を飾っていたら、とあるお稲荷さんがたまにうちに来て、絵馬に宿るようになりました。縁起物は神様もお好きなのです。

授与所の近くに休憩できる場所があり、ストーブが2台置かれていました（参拝したのは冬でした）。さらに、あたたかいほうじ茶が「ご自由にどうぞ」とポットに用意されており、授与所の女性も親切で優しかったです。

ここでもらったよい運気をそのまま持って帰れるよう心遣いをしてくれる神社です（イライラしてしまうと、せっかく福をもらっても持って帰れません）。

金運と招福に特にごりやくがある神社です。

福徳稲荷神社《ふくとくいなりじんじゃ》《山口県下関市》

境内からは海が一望でき、青い海、青い空に囲まれたこの神社は、赤い鳥居が目に美しく、一幅《いっぷく》の絵のような神社です。

奥之院である「谷川稲荷」にメインの神様がいます。高い崖《がけ》の上にいるお稲荷さんですから、かなり力が強いです。

ここで実現不可能と思われる超どでかい夢物語を話してみたところ、お稲荷さんは「大きな夢だの～」と感心したように言って、「まぁ、頑張りなさい」と、ものすご～くニコニコしていました。眷属たちも口々に「頑張れ」と言ってくれました。

話が大きすぎて、叶えてくれるとは言わないんだなぁ、とその正直なところが、腹を割って話をしたような感じで楽しかったです。

ここのお稲荷さんは、1回きりの参拝でも来てもらえたら嬉しいと言っていました。お稲荷さんと眷属たちはとても和気あいあいとしています。参拝者にも同じ雰囲気で接してくれます。非常にフレンドリーなのです。

本殿で行事がある時はそちらにしゅっと行かれます。

金運に特にごりやくがある神社です。

＊「ブログ2016年9月20日」

伏見稲荷大社《ふしみいなりたいしゃ》《京都府京都市》

日本一のお稲荷さんです。

眷属の数も神様の神格も、他のお稲荷さんに比べると桁違《けたちが》いです。比較になりません。もちろん1回きりの参拝でもまったく問題ありません。

神様は稲荷山のほうにいて、社殿は眷属に任しています。無理なお願いをする時や神様に直接お話をしたい、会いたい、という時は稲荷山に登ります。

お塚信仰は神様の眷属ではない場合があるので、むやみやたらと手を合わせるのはやめておいたほうがいいかもしれません。

金運や招福に特にごりやくがある神社です。

＊『京都でひっそりスピリチュアル』

第3章

「人間関係運・恋愛運」に強い神仏はココ！

縁結び、家内安全、夫婦円満、他人との
円満な人間関係、などにごりやくがあります

富士山の「気」のエネルギーがもらえる

富士山本宮浅間大社《ふじさんほんぐうせんげんたいしゃ》

静岡県富士宮市

水の力で心をゆるめてくれる

私が車を停めた駐車場から行くと（駐車場はいくつかあるみたいです）、いきなり参道の真ん中あたりに出ました。

「一の鳥居《とりい》から写真を撮らなきゃ〜」と思った私は、社殿《しゃでん》方向とは逆向きに歩きました。大型バスがたくさん停車しているところに大きな鳥居があり、これは二の鳥居なのですが、一の鳥居だと勘違いをしてパシャパシャと写真を撮りました。

そこで、何かこう、押されるようなパワーを感じ、そちらを見て……大感動しました！

富士山が！　ものすごく大きいのです！　そんなに高くない山しか見ていない人だったら、ビビるサイズです。街なかの景色にこんなに大きな山があるなんて……と、なんだか不思議な感覚になりました。普通の山はこんなに高くないからです。

2000メートル級の山でも高く感じるのに、富士山はその倍近くあるため、見ごたえがあります。姿も美しいし、毎日見られる人が羨《うらや》ましいと思いました。

張り切って写真を撮りまくりましたが、どうして写真って見ているままに写らないのでしょうか……。目で見るとものすごい迫力なのに、ありえない大きさでそこにあるのに、その圧のようなものが写りませんでした。

楼門《ろうもん》をくぐると、境内《けいだい》には富士山の「気」が満ちています。

私は富士スバルラインで富士山の5合目まで行ったことがありますが、そこと同じ「気」なのです（濃度は薄めです）。低地にいて、高い山の「気」を浴びられるようになっているという、お得な境内です。

神様からお話を聞く前に、とりあえず神社の中をひと通り見せてもらうことにしました。コンタクトを始めると、他を見るどころではなくなってしまうからです。

社殿に向かって左の西門から出て、ぐるりと裏側をまわって東門のほうに行きました。

そこには「水屋神社《みずやじんじゃ》」と「湧玉池《わくたまいけ》」があります。水屋神社の前には、富士山からの湧《わ》き水が竹筒《たけづつ》から豊富に流れている水場がありました。その場で飲むこともできますし、汲《く》んで帰れるようにもなっています。容器を持たない人のために空《から》のペットボトルも売られていました。

湧き水は澄んだ清らかな水で、心や体をなごませる力があります。聖水ではありませんが、水自体の力が強いです。よって、この水に手をひたしたり、頭に1滴たらすと禊《みそぎ》になります。

湧玉池は大きな池で、神社を半周しています。

【この池は霊峰富士の雪解けの水が熔岩の間から湧き出るもので水温は摂氏十三度、湧水量は一秒間に三、六キロリットル（約二〇石）年中殆んど増減がありません
昔から富士道者はこの池で身を清めて六根清浄を唱えながら登山するならわしになっております（原文ママ）】

と、案内板に書かれていました。

池の淵《ふち》に「禊所」があって、石段で池まで下りられるようになっていたので、そ

こで水をさわってみたら、かなりあたたかく感じました。気温が5～6度だったので、水のほうがあたたかいのです。

力がある富士山の湧き水だからでしょうか、ここの鴨《かも》はみんなとてもアクティブで元気いっぱいでした。動きまわる鴨をしばらく見ていて知ったのですが、鴨って意外と速く泳ぐのですね。ぴゅーっと走るように猛スピードで進んでいました。

水に頭を突っ込んでお尻をひょこっと上げたり、パシャパシャパシャーッと水面上で猛烈な勢いで羽ばたいたり、驚いたのは、鴨って飛ぶんですねぇ。

ひゅーん、とかなり高く飛んでいました。水の上をゆったりと泳ぐ鴨しか見たことがなかったので「鴨ってこんな鳥だったんだ」と面白かったです。非常に楽しそうな鴨たちでした。グァグァと大声で鳴いていました。

鴨を観察しつつ歩くと、赤い橋があって、そこにお稲荷さんがいました。小さなお社《やしろ》だし、みんな手を合わせずに素通りしていくので、入っていないのかな〜、と見たらちゃんと入っていました。ゆったりとした大らかな性質のお稲荷さんです。

「ここはいい場所ですね〜」

と私が言うと、

「心がなごむだろう?」

とにこやかに返事をしてくれました。

お社の空間にちょこんと座った、真っ白い小さなお稲荷さんです。参拝する人が少ないからか(皆さん、鴨や鳩《はと》を見るほうに心を奪われているのです)、そんなに大きな力はないようですが、そのことをまったく気にしていませんでした。

なごませる力がある富士山の湧き水、その水辺にいるお稲荷さんですから、おっとりしています。願掛けがどうのこうのというタイプではなく、自然霊のまんま、そこにいるという感じでした。厳しくないお稲荷さんです。

このお稲荷さんが言ったように、湧玉池は水の力で人間をなごませます。心がいい意味でゆるんで、余裕が持てるようになるのです。ホッと肩の力がぬけるような感覚にもなります。

「水って、清めるだけじゃなく、心の洗濯《せんたく》もしてくれるのだな」ということを思いました。知らず知らずのうちに硬くなっている心を柔らかくしてくれます。おすすめの池です。

パワーの空間が富士山と繋がっている

神社の本殿《ほんでん》には神様がたくさんいました。普通は本殿にメインの神様が1柱《ひとはしら》鎮座しているのですが、ここは多くの神様がせっせと働いています。

その神様方は、第5章で紹介する彌彦神社《やひこじんじゃ》の「裾野《すその》の神様」とは違っていて、1柱1柱が独立した、ご祭神《さいじん》のような、言ってみれば伊勢神宮《いせじんぐう》システムなのです。眷属《けんぞく》が多いのではありません。富士山で修行をした神様方が、この神社にはたくさんいるのです。ですから、どの神様が願掛けを担当するのかによって、叶《かな》える力には差があります。

山岳系神様である富士山の神様は、ここまで降りて来ません。富士山の神様は常時、山のほうにいます。

この神社は富士山から道というか、太いパイプが繋《つな》がっています。それはどーんと1本大きく繋がっていて、トンネルのような感じです。そのトンネルの内部を通じて、富士山のパワーやエネルギー、空間と結びついている、というわけです。

直接、パワーやエネルギーが繋がっているため、ここは里宮《さとみや》となっています。富士山に登れない人のため、里で暮らす人々のための神社なのです。富士山に登れなくても富士山パワーを浴びられるようになっています。

前述したように、富士山にいる山岳系神様は常に山のほうにいますから、里の人々を救うために、ということで、富士山で修行をしたたくさんの神様方がこちらにいて、里の人のお世話をしています。

この神社は特に、縁結びのごりやくを期待できます。というのは、参拝者に縁結びをお願いされて「あれ？　今生《こんじょう》では結婚をしない予定になっているが？」と神様が気づいた場合、その神様が富士山の神様のところへ願掛けを持って行ってくれるからです。

富士山の神様は山岳系ですから、もっと上の天空の神々に人生の計画を変更するようお願いに行くことができます。天空の神々から許可が下りれば、生まれる前に「結婚をしない人生」と決めていてもあっさり変更してもらえますし、ついでによいお相手も見つけてもらうことができます。

富士山とパワーの空間が繋がっているせいか、私はこの神社では暑くて暑くて、1月だというのに上着なしで参拝を終えました。他の人はダウンや厚い上着を着ていたし、暑いといっても手の表面はキンキンに冷えていたので、気温は低かったのだと思います。

なぜ暑くてポカポカしていたのかといいますと、意識して富士山パワーを取り込んでみたからです。感覚を研ぎ澄まして、富士山とのパイプに意識を集中し、それを自分に流し込むようにすると、エネルギーをもらえます。

このエネルギーは富士山の神様の波動ではなく、富士山という山の内部エネルギーです。マグマのエネルギーでしょうか、温泉に入ったあとみたいに体が芯《しん》からぬくぬくとしていました。

私が買った絵馬《えま》が縁起物でした。運や福を呼び込んでくれるので、縁起物が好きな方におすすめです。プレゼントにしても喜ばれると思います。富士山と波と太陽が描かれているものです。

パワーの強い「清め塩」がおすすめ

義経神社《よしつねじんじゃ》

北海道沙流郡平取町

神様は奥州征伐の落ち武者

行くまでにいろいろと考えてしまった神社です。「行ってみて、源義経さんがいなかったらどうしよう……」「違う神様だったらどうしよう……」という不安がありました。

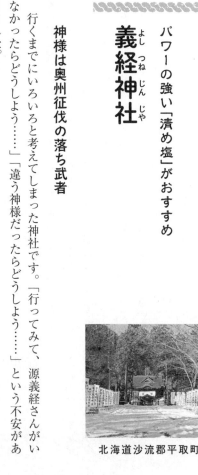

実際に鎮座されている神様が、由緒《ゆいしょ》でご祭神とされている人物や神話の神様とは全然違う、ということはよくあります。というか、そちらのほうが圧倒的に多いです。

いつもは普通に「違っていました〜」と書いていますが、ここはあの！　源義経さんがご祭神とされている神社です。読者さんの中には、義経さんに心酔《しんすい》している人がいるかもしれません。

違う人物だったらガッカリするかも？　と思うと、別の神様が見えたら嫌だなぁ、困るな〜、と思いつつ、行ってみました。

義経神社はこじんまりとしていて、派手さはなく、実直な感じが漂う境内です。社殿はひとつですが境内は広くて、静御前《しずかごぜん》と常盤御前《ときわごぜん》の石碑などもありました。

最初に社殿の空間に見えたのは、狩猟民族の男性で、そのお姿からもともとこの土地に住んでいた人かな、と思いました。北海道の歴史に詳しくない私は、「えっと、どうしようかな、何をどう聞こう……」と悩みました。

質問を思いつかず、じ〜っと神様を見つめていると、神様はご自分のその姿の〝時間〟を動かします。時を遡《さかのぼ》っていくのです。

黙って見ていたら、狩猟民族の地元民っぽい姿の男性は、ごく普通の男性になり、それからなんと、落ち武者《むしゃ》になりました。つまり、落ち武者だった男性が本州からこの地に来て住み着いた、ということみたいです。

男性は合戦《かっせん》の場から鎧《よろい》姿のまま逃げています。それはもう必死に逃げていて、途中で服を盗んだのか、鎧と交換したのか、そこは見えませんでしたが、質素な服に着替えています。そして最終的にこの平取《びらとり》という土地にたどり着いています。

鎧を身につけて戦っていたのは本州なので、平取まで逃げてきた、ということに驚きました。こんなに遠くまで！　という感覚です。海を渡ったのは津軽《つがる》海峡でしょうから、そこからさらに何日もかけてここまで逃げているわけです。

見つかったら殺されるから、できるだけ遠くまで行こうと思ったみたいですが、ひとつ疑問が湧いたのは、なぜ、あたたかい西日本方面に逃げなかったのか……ということです。

神様に聞くと、自分は「さたけ」の家来だった、と言います。東北であった合戦の最中に逃げたそうです。戦場で戦うことを放棄して逃げたから、追手が怖くて怖くて（味方の追手と敵の追手の両方です）、それでこんなに遠くまで来た、とのことでした。

津軽海峡を渡って、もっともっと奥へ行った平取ですから、ここなら絶対に見つからないだろう、ということで、やっとこの地で恐怖を感じなくなったそうです。

「どうして戦うことを放棄して逃げたのですか？」

神様はちょっとつらそうなお顔になり、説明をしてくれました。

逃げた合戦の前にも戦《いくさ》を何回か経験していたそうで、戦場には「狂気」が存在する、と言います。多くの兵の中には、戦っているうちに精神をやられる人がいて、正常ではなくなるそうです。

転がっている死体の手や首を切り落としたり、お腹《なか》を割《さ》いて内臓を出してみたりと、おぞましいまでに死体を損壊する人がいるそうです。近隣の村で女性をレイプしたり、ひどい人になると、レイプしたあとで殺したり、無抵抗な子どもを殺して喜んだりと、それはもう、この世の地獄とまで思ってしまう世界があるのだそうです。

当時人間だった神様は、その行為を見るのが嫌で嫌で、苦しくてつらくてたまらなかった、と言います。

たとえ見ないようにしていても、そのようなことがあった、やった、と話しているのが聞こえてくるそうで、それすら苦痛だったそうです。それで、戦場を離れた――と言っていました。

戦場には死体がごろごろあります。憎しみや恨《うら》みを抱いたまま、また悲しみや無念の思い、恐怖などを持ったままで……亡くなった人が少なくないと思われます。

それはつまり、成仏《じょうぶつ》を妨《さまた》げる念をしっかり持って死んでいるわけです。そのせいで成仏ができず、幽霊となってさまよい、中には祟《たた》りを起こしたり、人に取り憑《つ》く怨霊《おんりょう》になったりした人もいたはずです。

怨霊に取り憑かれると精神を病《や》んでしまう人も多いので、そのような人が戦場には多くいたのかもしれません。心が強くない人は過酷な殺し合いに精神がついていけず、心の病気になっていたのかもしれないです。

現代人の私たちにはわかりませんが、戦というのは、実際にその場にいると、想像もつかないような精神状態になるように思います。

人々の優しさに救われて

「ということは、神様は平和がお好きなのですね」

そう質問をすると、暗い表情だった神様のお顔が一気にはじけて、笑顔で頷《うなず》いていました。

ごりやくについてお聞きすると、動物を守ったり、縁結びの願掛けを叶えることがお好きだそうです。とても楽しいと言っていました。競馬はギャンブルなのでちょっと……ということみたいですが、馬をはじめ、動物をすごく愛《いと》おしく思われています。ですから、この神様にはペットの祈願などもしっかり聞いてもらえます。

「縁結びをお願いします」と来る参拝者は、ワクワクと期待に胸をふくらませてい

て、その姿を見ていると、自分にできることはなんでも手伝おう！　という気持ちになると言っていました。つまり、そのような気持ちで参拝すると、ものすごく応援してもらえる、ということです。

人間だった時の神様は心優しい性格であり、霊格がとても高かったため、残《ざん》虐《ぎゃく》さに耐えきれず戦場から逃げました。

南より北へ逃げたほうが追手が来ないだろうと考え、命からがら海を渡って、北海道に上陸し、ぼろぼろになって平取の地までやってきました。

平取の地元の人々は、素性《すじょう》がわからないうえに、ガリガリに痩《や》せこけてみすぼらしく、汚い風貌《ふうぼう》だったこの男性をあたたかく迎え入れてくれました。

どの人もとても優しくて、逃げて来た人物なのに敬意を持って接してくれたそうです。男性は自分が持っていたさまざまな知識を教え、残りの人生をここで、平和に楽しく送ったとのことです。

神様は当時の村の人々から受けた恩を今も忘れず、その恩返しを多くの人々にしたいというお考えなのです。時を超えて、その気持ちをずっと持ち続けています。素敵な神様なのです。

最後に、神様が言った「さたけ」について調べてみました。

戦国時代に佐竹という武将がいますが、神様とは時代が違います。源義経さんと同一視される時代ですから、たぶん、鎌倉時代初期ではないかと思い、いろいろと調べたのですが、なかなか見つかりませんでした。

神様の言ってたことは本当なのかなぁ～、などと失礼なことを思った時でした。「さたけ」から探すのではなく、鎌倉時代初期に東北で合戦があったのか、それは事実なのか、を調べようと思いました。

ここで、歴史に詳しい人は「え！」と思ったかもしれません。このあたりの歴史にうといのは痛いですねぇ……。奥州《おうしゅう》征伐（奥州合戦）という、【源　頼朝《みなもとのよりとも》が義経をかくまった藤原泰衡《ふじわらのやすひら》を平泉に攻めて滅ぼした戦い】（デジタル大辞泉）というのが、あったのですね～(汗)。

で、ああ、本当に東北で戦があったんだ～、と、その奥州征伐の年表を見ていたら、**【頼朝、宇都宮を出発。常陸《ひたち》の佐竹秀義《さたけひでよし》を軍勢に加える】**という項目がありました。どうやらこの「佐竹」さんの家来だったようです。奥州征伐に行く前にも戦をしていると言っていたので、間違いないと思います。

私が会ったのは義経さんではありませんでしたが、平和がお好きな素晴らしい人格の神様でした。

丸いお人柄が心地よい「気」となって境内に充満しています。

この神社の清め塩はパワーが強いです。丁寧にお祓《はら》いされているからだと思います。私もひとつ買って帰りました。清め塩は、いざという時のために持っておくと安心です。

神様が楽しいお仕事だと言っていた、縁結びと動物の願掛けに特にごりやくがあります。

地元の人々の平穏を守る
磐椅神社《いわはしじんじゃ》

福島県耶麻郡猪苗代町

フレンドリーな神様とご神木パワー

正直に言いますと、神社の名前を勘違いしてここに行きました。

会津といえば「磐梯山《ばんだいさん》」で、磐梯山の横を車で通る予定だった私は、登山は時間的に無理だけれど里宮には参拝できそう、ということで、里宮を探しました。

磐梯山の神様は里宮からでもわかるはずだし、なんなら眷属に呼んでもらうという手もあります。きっと山のふもとのどこかにあるはず……とマップを見ていたら、磐椅神社があったのです。

「は？」とこれを読んでいる人は、頭の中がハテナマークだらけだと思いますが、似てません？「梯」と「椅」の字が〜(泣)。

いいえ、似ていません、とキッパリ言われそうですが、第二特技が早とちりの私は（わざわざ書かなくてもいいのかもしれませんが、第一特技はうろ覚えです）、「あぁ、ここだここだ」と、磐椅神社を磐梯神社《ばんだいじんじゃ》と勘違いしました。

行ってみると、神社は大きな森の中にあり、第一印象は「歴史がある神社だな〜」でした。古くて小さな祠《ほこら》があちこちに置いてあって、境内に入る手前には小川が流れています。杉のご神木《しんぼく》もあり、それが樹齢800年以上という大木です。

「ほー」と、きょろきょろしながら拝殿《はいでん》に進み、祝詞《のりと》を唱え、ご挨拶をして、さっそく質問をしてみました。

「神様は磐梯山から来ている神様ですか？　それとも眷属でしょうか？」

「違う」

「え？」

磐梯神社なのに、なんで？　と、読むのをすっ飛ばしていた由緒書きのところまで戻り、内容を見ると……そこには磐梯神社ではなく、「磐椅神社」と書かれていたのです。

「………」

と、しばしその字を見つめて固まっていたら、社殿のほうから神様が楽しそうに、

「おーい、大丈夫か？」

と言ってくれました。

間違えてしまったものは仕方がないし、ここの神様はフレンドリーだから来てよかったのかも、と気持ちを切り替えてざっと由緒書きに目を通しました。

そこには神話の神様である「大山祇命」がご祭神として書かれています（現地の由緒書きに「大山祇命」と書かれていたので文字はこちらに合わせています）。

う～、神話か……詳しくないいんだよね、と思いつつ、

「では神様は、大山ナンチャラ（大山祇命が読めなかったのです）っていう神様なのでしょうか？」

と聞くと、神様は「大山ナンチャラ」のところで、プッと笑い、

「違う」

という答えを返してきました。

「あの～、この大山ナンチャラって、神話の神様ですよね？」

「そうだ」

「天照大神《あまてらすおおみかみ》や素戔嗚尊《すさのおのみこと》みたいな感じでしょうか？」

「まぁ、そのようなもんだ」

「その大山ナンチャラという神様を、どこかの〝神社から〟ここに勧請《かんじょう》したのでしょうか？」

そうではない、とのことで、創建当時、直接大山祇命《おおやまつみのみこと》という神様を祀《まつ》ったらしいです。そのため、神様は入っていなくて、今鎮座しているこの神様が入られた、とのことでした。

では、この神様はどなたなのか……というと、このあたり一帯を広範囲に守っている土地の神様です。氏神《うじがみ》様の巨大版という感じです。ですから、力はそこそこ強く、神格も高いです。性質はあっけらかんと明るくて、参拝者を喜んで迎えてくれる、そんな神様です。

「お～、来たか来たか。お茶でも飲んで行きなさい。ささ、上がって上がって」みたいな雰囲気です。

神社の境内にある授与所（閉まっていました）のガラスに張り紙があって、磐椅神社に「いわはし」とルビがふってあり、「へぇ～、いわはしって読むんだ～」と知りました。

そこには、「鎮座　西暦二五〇年（弥生時代）」とも書かれていたので、

「神様！　弥生時代から神社に入っているんですか？」

と聞くと、

「フフフ」

と意味ありげに笑っていました。正面から「違う」とは言えなかったのだろうと思います。

神様にどんな願掛けが一番得意なのかを聞いてみると、他では聞いたことがない返事をいただきました。

ひとことで言えば「家内安全」ではなく「人生安全」でしょうか。

氏神様の大きいバージョンの神様ですから、もともと土地にいる人々を守るのがお仕事です。つつがなく平穏無事に暮らせるようにする、という神様なのです。子孫を繁栄させて、できれば全員を長生きさせて、人々の人生を平和で穏やかにまっとうさせる……それが得意だということです。

ですから、一発大逆転をして大成功をおさめたい！　と思う人が行く神社ではありません。平凡ながらも健康で、家族仲良く、幸せに暮らしたい……そのような人に、大きなごりやくがある神社です。

ご神木が発するパワーもさりげなく強いです。中が空洞なのに、その上に葉っぱが茂っているという、ものすごい生命力なのです。このご神木は長寿のエッセンスをくれるので、木の下から上を見上げてお願いをするといいです。上からエッセンスを振りかけてくれます。

勘違いをして行った神社でしたが、人生安全というごりやくがあるのだな〜、と勉強になりました。

森の中にあるし、社殿も古くて質素ですが、なにせ神様が陽気ですから、境内の「気」は明るく爽《さわ》やかです。

楽しく参拝をさせてもらった神社でした。

「人間関係運・恋愛運」に強い神社仏閣のご紹介
（*は詳細を書いている書籍名およびブログの日付です）

火男火売神社《ほのおほのめじんじゃ》《大分県別府市》

鶴見岳《つるみだけ》山頂に上宮、中腹に中宮、市内の街なかに下宮があります。

本格的な願掛けは中宮ですするのがおすすめです。神様は常に山におられ、眷属も中宮に一番多くいます。

下宮は一の眷属が任されています。

この神様の眷属は真っ白い鹿で、縁結びが専門です。眷属たちはすごく積極的で人間が願掛けをしているのを聞くと、叶えるお役目は自分が自分がと立候補をして、願掛けを叶えに行くような感じです。張り切ってお仕事をしています。

縁結びと円満な人間関係に特にごりやくがあります。


*『「山の神様」からこっそりうかがった「幸運」を呼び込むツボ』

東京大神宮《とうきょうだいじんぐう》《東京都千代田区》

伊勢神宮《いせじんぐう》から来た男性の神様がいます。

意中の人がすでにいる場合や、見えない世界で自分の魅力をキラキラと輝くようにしてほしいという人向けの神社です。

人を惹《ひ》きつけるのは見えない世界での磁力です。なんとなく好感が持てるとか、気が合いそう、一緒にいるとホッとする、不思議と気になるなどの心の動きは、見えない世界でのことになるので、その魅力を増す、または濃くしてくれます。

効力は1カ月程度とのことです。

縁結びに特にごりやくがあります。

＊『「神様アンテナ」を磨く方法』

伊弉諾神宮《いざなぎじんぐう》《兵庫県淡路市》

古くから聖域だった土地にある神社で、高級霊が宿っているご神木のパワーが並外れて強いです。このご神木は人間関係、夫婦関係を円満にするエッセンスを振りかけてくれますが、人間にペタペタとさわられることを嫌うので、そこは知っていたほうがいいです。

神様も、人間が里でうまく暮らしていくための神様であり、人間関係を良好に保つ、人と人とのバランスをよくするなどに特にごりやくがあります。

細やかなサポートをしてくれます。

＊『神社仏閣 パワースポットで神さまとコンタクトしてきました』

賀茂《かも》別雷《わけいかづち》神社《じんじゃ》（上賀茂《かみがも》神社《じんじゃ》）《京都府京都市》

境内社《けいだいしゃ》である「片岡社《かたおかのやしろ》」（片山《かたやま》御《み》子《こ》神社《じんじゃ》）は、古くから縁結びの神様として有名です。『源氏物語』の作者である紫式部《むらさきしきぶ》が何度もお参りした神社です。

縁結びは男女間だけに限らず、仕事の縁も結んでくれますから、大きな仕事と縁を結んでもらいたい人にもおすすめです。

絵馬が可愛《かわい》らしいハートの形をしていて、この絵馬にお願い事を書くだけでテンションが上がります。社殿についている鈴も雅《みやび》な華やかさがあって、明るい未来を感じさせます。

縁結びに特にごりやくがあります。

＊『京都でひっそりスピリチュアル』

清水寺《きよみずでら》《京都府京都市》

清水寺の境内に「地主神社《じしゅじんじゃ》」があります。ぱっと見は新しい神社のように見えますが、歴史がある神社です。

小さなお社がいくつかあって、アトラクションっぽい境内になっています。「契《ちぎ》り糸《いと》」を結ぶ、「銅鑼《どら》」を3度鳴らす、「撫《な》で大国《だいこく》さん」を撫でる、「水《みず》かけ地《じ》蔵《ぞう》」に水をかける、「祓串《はらいぐし》」で身を清めるなどに加え、絵馬を書く、おみくじを引くというのも入れれば、やること満載です。

メインアトラクションは「恋占《こいうらな》いの石《いし》」です。10メートル程度離して置かれた2つの石の間を、目を閉じたままでうまく歩くことができたら、恋愛が成就《じょうじゅ》するというものです。

私が行った時はとてもにぎわっていて、外国からの観光客も非常に多かったです。皆さん、ワイワイ、キャーキャーととても楽しそうでした。

「恋愛がうまくいってほしい」という明るく、希望と期待に満ちたポジティブな思いが境内にたくさんあります。活気があって境内が華やかです。

縁結びに特にごりやくがあります。

息栖神社《いきすじんじゃ》《茨城県神栖市》

境内はほんのり、ふわふわとした丸～い「気」が漂っています。物事を丸くさせる作用がある神社です。

ここは、鹿島神宮《かしまじんぐう》の、陸地に向けて大きく働くパワーと、香取神宮《かとりじんぐう》の、大海に向けて大きく働くパワーをうまくまわすために作られています。両神宮の力が、そのままだと中間点でぶつかってしまうからです。その衝突を避けるためにある神社で、うまく両神宮の力をまわしています。

ぶつかる、衝突する、そのようなものを丸くさせる神社です。人間関係も例外ではなく、うまくまわしてくれます。

円満な人間関係に特にごりやくがあります。

＊『神社仏閣は宝の山』

安井金比羅宮《やすいこんぴらぐう》《京都府京都市》

縁切りで有名な神社です。縁切りを叶えてもらうには、「縁切り縁結び碑《えんきりえんむすびいし》」をくぐって、願掛けを書いた「形代《かたしろ》」というおふだを縁切り縁結び碑に貼ります。

このおふだの表には御幣《ごへい》の絵が描かれているのですが、御幣の左側空白部分に「願」と書き、御幣の右側空白部分に「縁切り」と書きます。神様に直接言えばいいので、住所氏名は書かなくても大丈夫です。

おふだの裏側には縁を切ってもらいたい人や、縁を切りたい事柄、現象などを具体的に書きます。このおふだを持って「縁切り縁結び碑」をくぐるわけです。

「縁切り」が願掛けですから、その中の項目はいくつでもかまいません。たとえばAさんとBさん、２人と縁切りをしたいから、おふだを２枚書いて２回くぐらなくてはいけないのかというと、そうではありません。おふだは１枚で、裏に２名の名前を書いて、１回くぐればオーケーです。

縁を切りたい願掛けに特にごりやくがあります。　＊『京都でひっそりスピリチュアル』

比々多神社《ひびたじんじゃ》《神奈川県伊勢原市》

太古の昔、海を渡ってきた外国人の父親と、日本人女性との間に生まれた息子が、２人で仲良く神様として鎮座しています。

神様は、当時日本では珍しい外国人でした。さまざまな知識があったのでそれを村人に教えています。村人のほうも、外国人だからと追放などせず、とても親切にしていました。外国人が亡くなってからも丁寧に祀り、その後も信仰しています。

双方の「ありがとう」という優しい気持ちが時を超えて今も境内にそのままあり、神様はいまだに恩を忘れず感謝し続けている、そのような神社です。波動がとても明るいです。

円満な人間関係に特にごりやくがあります。

＊『神さまと繋がる神社仏閣めぐり』

一之宮貫前神社《いちのみやぬきさきじんじゃ》《群馬県富岡市》

おっとりとした穏やかな性質で、「怒り」という言葉を知らないのではないかというくらい温厚な神様がいます。

一般的に神様は「黒色」の波動が苦手で、ここの神様はその傾向が強いです。本殿が黒塗りのため、時々本殿を出て、手前に置かれている御幣に宿っているそうです。そのおかげで、大きくて神格が高い神様ですが、身近に感じられます。

眷属にはイヌとキジがいて、キジは非常に珍しいです。

人と人が出会い、そこから協力して人生をかたちづくっていく、という喜びに満ちた慶事が大好きだそうです。

縁結びに特にごりやくがあります。

宗像大社《むなかたたいしゃ》《福岡県宗像市》

宗像大社は沖ノ島《おきのしま》にある沖津宮《おきつぐう》、大島《おおしま》にある中津宮《なかつぐう》、そして宗像市にある辺津宮《へつぐう》と、場所が3つに分かれています。どのお宮にも女性のお姿をした神様がいます。

沖津宮と中津宮の神様は若干厳しめで、このおふた方の神様に願掛けをするのは「違う」そうです。願掛けは辺津宮の神様にします。

辺津宮の神様は眷属をたくさん従えていて、ほんわかと優しく、柔らかい雰囲気です。厳しめのおふた方とは違って人間の面倒を見ることもお仕事のひとつに入っています。

縁結びに特にごりやくがあります。

＊「ブログ２０１６年11月27日」

白山比咩神社《しらやまひめじんじゃ》《石川県白山市》

女性のお姿ですが、しっとりたおやかという雰囲気ではなく、ピンと背筋を伸ばしたような毅然《きぜん》とした感じの神様です。

超サバサバした性質なので、くよくようじうじ悩んでいると活を入れてくれます。悩みも暗い気分もスカーッと吹き飛ばしてくれるパワーをお持ちなのです。

こうありたいと多くの人が思う凛《りん》としたかっこいい面と、慈悲深く真に優しい面がある神様です。

縁結びに特にごりやくがあります。

＊『「山の神様」からこっそりうかがった「幸運」を呼び込むツボ』

川崎大師《かわさきだいし》（平間寺《へいけんじ》）《神奈川県川崎市》

ご本尊の空海《くうかい》さんに護摩《ごま》を焚《た》いているお寺です。

通常はお坊さん姿で現れる気さくな空海さんが、ここでは「弘法大師如来《こうぼうだいしにょらい》」のように見えます。それほど護摩でパワーアップされており、不動明王《ふどうみょうおう》と愛染明王《あいぜんみょうおう》を脇侍《わきじ》として従えています。非常に〝強い〟空海さんがいるお寺なのです。

私が宗教を超えたCDを出すことができたのは、奇跡としか言いようのないご縁があったからでした。そのご縁は不思議な力で導かれるように、点から点へと次々に繋がっていって、空海さんが最終的な点となって、ここ川崎大師まで繋がりました。

そのようなご縁を結ぶことに特にごりやくがあります。

＊「ブログ2018年10月23日」

宮地嶽神社《みやじだけじんじゃ》《福岡県福津市》

本殿の裏側に「奥之宮八社」のエリアがあります。

そこにお稲荷さんの社殿があります。外側を朱色に塗られたお社です。そのような社殿やお堂はたまに見かけますが、ここの稲荷社は内部も赤く塗られています。

珍しいです。明るい赤なので、気持ちを上げてもらえます。

このお稲荷さんには特殊な眷属がついていて、その眷属はなんと、お稲荷さんなのに縁結びを得意としているそうです。「奥之宮八社」のエリアには「恋の宮」もあり、そこで願掛けされた縁結びはこの眷属がせっせと叶えているとのことです。

私が参拝した時はお仕事中でお留守でしたが、宮地山の神様（宮地嶽神社のご祭神で、普段は山のほうにおられます）がそう教えてくれました。

＊『「山の神様」からこっそりうかがった「幸運」を呼び込むツボ』

第4章

「健康運」に強い神仏はココ！

平癒祈願、無病息災、安産、心の健康・安定、
龍パワー、などにごりやくがあります

舶来の神様がいらっしゃる
健康祈願に強い
香《か》椎《しい》宮《ぐう》

福岡県福岡市

「不老水」は煮沸して飲む

本殿《ほんでん》で神様にご挨拶をする前に、徒歩5分の距離にある「不老水《ふろうすい》」を見に行きました。神社の公式ホームページにはこう書かれています。

【武内大臣が香椎に住んでおられた時、常にこの水を汲んで、飯酒を調へられ遂に三百余歳の長寿を保たれましたので、旧大宮司武内氏の家を「老の屋」、その山を「老の山」その水を「老の水」と呼んでおります。

「天平宝字四年六月、疇昔西征の時、醴泉を篚の中へ貯へかへり、古宮の北三町許りなる所に移すを、今、修補して、不老水と名く。痼疾を除き、頽齢を延ぶればなり。」―香椎宮編年記―

とありまして、「不老水」なる名稱（称）は、この時期、奈良時代の末頃からできたと解されます。

笛の中に入れて、貯へ帰った彼の地の醴泉を移すに際し、武内大臣の汲み用ゐられた「老の水」を選んで、これに移し一層靈（霊）妙ならしめたと理解してよいでありませう。】

うーん、ハッキリ言ってまったくわかりません。

不老水は環境省選定の「名水百選」に選ばれていて、「名水百選」のホームページではこう記述されていました。

【不老水は「御飯の水」「老の水」とも言われ、武内宿祢公が仲哀天皇、神功皇后のお供をして香椎の地に住居を構えられた時、朝夕汲み取って天皇皇后に献上する御飯を調え、又、自らもこれを用いて能く三百歳の長寿を保ったという由緒ある霊泉。その後、しばらく放置されていたが、天平宝字四年この井戸を修理し、再び霊泉として使われるようになった。「不老水」という名が付いたのもこの頃。

この水は、甚だ清冷甘美であり、古来より病疫を祓い、寿命を延ばす霊力があると伝えられ、天平神護元年以来、綾杉の葉を添えて朝廷に奉献せられてきたという

由緒ある名水】

つまり、武内宿禰《たけのうちのすくね》はこの水のおかげで３００歳まで生きた、ということらしいです。

病疫《びょうえき》を祓《はら》うというので、期待に胸をふくらませて飲んでみましたが、残念ながら聖水ではありませんでした。でも、お世辞《せじ》抜きでとっても美味《おい》しかったです。

「あ〜、おいし〜」とごくごく飲んだあとで気づいたのですが、「念のため、煮沸《しゃふつ》してお飲みください」という張り紙がありました。うわぁ……と、こういう時、自分の注意力のなさに頭を抱えますが、お腹《なか》をこわすこともなく大丈夫でした。

ちなみにこの井戸のお水がもらえるのは、10時から15時までで、ひと家族につき２リットルのペットボトル２本までだそうです。

その昔、航海前後の平癒祈願をしていた

境内《けいだい》に戻って、神様にご挨拶をしてわかったのは、ここの神様が舶来《はくらい》の神様だということです。香椎宮のメインの神様は、ご自分の意思で日本に来られたのではなく、渡来人《とらいじん》によって運ばれたと言いますか、連れて来られた、もとは大陸にいた神様です。

「え？　渡来人って、日本人じゃないのに神道《しんとう》だったの？」という疑問が湧《わ》くかと思いますが、そうではありません。

日本でも神道という宗教ができたから、そこから神様が信仰され始めたのではなく、神道ができる前から人々は神様を敬《うやま》っていました。神様は、神道という宗教ができるはるか昔から……神様によっては人間が現れる前から、存在しています。

神様という存在に気づいた太古の人（現在の人類以前の古代人類かもしれません）が、信仰を持つようになり、それから長い年月がたって、それを形として整えたものが神道というわけです。

ですから、大陸の人々も同じように、たとえば仏教が入って来るまで信仰がまったくなかったというわけではないのです。民俗信仰みたいなものが大昔からあって、呼び名は違っていたのでしょうが、神様の存在には気づいており、信仰をしていたようです。

次に質問として頭に浮かぶのは、どうして大陸から神様を連れて来て、ここに祀《まつ》ったのか……ということではないでしょうか。

大昔、このあたりは浜辺でした。私が見せてもらった景色は、松がいっぱい生えている海岸です。この浜に海を渡って外国人がやって来ます。大昔のことですから、航海術も未熟で命からがらという感じです。

苦難の末にこの場所、この近辺にたどり着きます。航海を終えたその土地で、どうやら「お祓い」をしていたみたいです。お祓いという言葉はちょっと違うのですが、その目的で連れて来られた神様です。

長い長い航海の間には、病人が出ます。一人一人の栄養状態も、衛生状態も悪い船の中ですから病人は多く出ていたそうです。食中毒なんかも頻繁《ひんぱん》にあったのではないかと思います。

そのような体の不調と、長い航海中に心が折れてしまうという、心の不調をきたす人がいたらしいです。

体も心も健《すこ》やかなままで、航海を無事に終えたい人々は、出航前に神様に祈ります。また、海には魔物も悪霊《あくりょう》もいますから、それらに憑《つ》かれないようにという祈願もします。

出発する浜辺に神様を祀り、そこで無事を祈ります。そして、到着した浜辺では、お礼を言うために神様が必要なのではなく、航海中に憑いてしまった魔物や悪霊を祓うために、神様の力が必要でした。それで神様を祀って、祈ったそうです。

大昔ですから、食中毒や病気も魔物や悪霊のせいになっていました。航海中に調子が悪くなった人は、悪いものを落とさなければ新天地での生活を始められない、と考えられていたのです。

心身ともに出発前の健やかな状態に戻す、というのが到着地にも神様を祀った理由です。しかし、航海中の悪いものとは、ほぼ病気のことですから、香椎宮の神様は病気を治す専門の神様でした。これが本来のごりやくです。

そのうち、こちらからも大陸に向けて出発をする際に、この神様に無事を祈るようになって、今ではどんな祈願もオーケーだそうです。

「ということは、神様は外国の神様なのですね？」

とお聞きすると、

「国の概念や国境などは人間が決めたもの」

と言っていました。太古の時代にはまだ明確な国という考えはなくて、海を渡ってあちら側へ行く、隣の島に行く、という感覚だったそうです。

あちらの島とこちらの島は「違う民族」という考えはなかったとのことでした。神様にとって、どこの国の人間なのか、どの民族なのかなどは、まったく重要ではなく、見るのはその個人一人一人だそうです。

香椎宮は非常に古くからある神社です。渡来人について大辞林には、

【他の国から渡来した人。特に古代、四世紀から七世紀にかけて日本に渡来し定住した朝鮮・中国の人々をいう】

と書かれていますが、香椎宮はたぶんもっともっと古いです。紀元前からあったのではないか？　と思います。それくらい歴史がある神社、古くからいる神様です。

今は何を願ってもよいと言っていたので、願掛けはなんでも叶《かな》えてくれます。古くて大きな神様ですから、パワーもあります。ただ、もともとのごりやくが一番お得意ですから、健康系祈願には特に力を発揮します。

抜群の龍神パワー

青島神社《あおしまじんじゃ》

宮崎県宮崎市

龍神様は毎月22日にいらっしゃる

父の転勤で両親が鹿児島県に住んでいた時に、観光で行ったことがある神社です。20代なかばという、それはもう遠い遠い昔のことなので、この神社のことはすっかり忘れていました。かろうじて覚えていたのは「鬼《おに》の洗濯板《せんたくいた》」だけです。なので、初参拝のような新鮮な気持ちで行くことができました。

行ったのは1月でしたから、東京ではブルブルと震えまくる季節です。しかし青島は、風がびゅーびゅーと吹き荒れていたにもかかわらず（青島に架かっている弥生橋《やよいばし》の上は特にすごかったです）、まったく寒くありませんでした。

さすが南国宮崎だと思いました。この日はTシャツと春物の薄手の上着だけで十分でした。

弥生橋を渡ると鬼の洗濯板が見えて、「うわぁ、写真、写真」と慌《あわ》てて何枚も撮りましたが、裏側に行けばもっとすごいので、落ち着いて行動すればよかった、とあとから思いました。

島に渡ると亜熱帯性植物の雰囲気が独特で、でも沖縄や石垣島《いしがきじま》などとはどこか雰囲気が違う……そんな境内になっています。

神門《しんもん》をくぐると朱色が鮮やかな本殿があります。境内では面白いキャラクターのお守りや縁起物が売られていて、明るく楽しいお参りができるようになっていました。

手を合わせてご挨拶をしてみても神様がわかりません。気配も感じられないのです。

あれ？　まさか、いない？　ってことはないよね……古くからの聖地みたいだし、と周囲を見ると、右手の瑞垣《みずがき》に赤い門がありました。門の横には「御成道《おなりみち》」と書かれていて、門の向こう側はアーチ型に絵馬《えま》がたくさんぶら下がっており、絵馬でできたトンネルのようになっています。

興味を引かれてそちらへ行ってみると、小道はまっすぐ奥へと続いていました。奥の突き当たりには赤いお社《やしろ》があって、摂社《せっしゃ》か末社《まっしゃ》だろうと近づいてみると、なんとこの場所は、祈りの気配が残っている聖地でした。

「元宮《もとみや》」という表示がありますが、お社は比較的新しいです。しかし、最近できたエリアにしては聖地感が半端ないので、そこに書かれていた説明を読むと、「古代祭祀《さいし》に使われたとされる勾玉《まがたま》、土器、獣骨《じゅうこつ》、貝殻《かいがら》などが、この場所から多数出土した」というようなことが書かれていました。

どうやら古代人がここで祈りを捧げていたようです。それで聖地のパワーがお社にではなく空間にあるのか～、と納得できました。

この元宮エリアの奥は自生林となっていて立入禁止なのですが、驚くことに、その自生林の奥のほうがもっとすごいパワースポットでした。聖地感もそちらのほうがすごかったです。

元宮の右側に1本、ぐにゃ～っと曲がっている木があります。成長途中で倒れかけたのでしょうか、かなり横向きに伸びていて、そこから上に向かってしゅーっと背が高くなっているのです。ありえない形をしています。

見た瞬間に、ああ、ここには龍《りゅう》がいるのだ、とわかりました。曲がりくねっても

元気で伸びているのは、細胞を活性化する、強い龍パワーを浴びているからです。

ここに祈りの場があるということは、祈る対象の神様がいる、ということです。そこで祝詞《のりと》を唱えて、出てきてもらえるよう必死でお願いをしてみました。するとと、ものすごく大きな龍が、ぐわぁ〜と出てきました。そのお姿が……変わっています。

黒い龍なのですが、黒龍ではありません。赤い模様が入っているのです。あ、ちょっと違うかな、鱗《うろこ》の1枚1枚に赤い太めのフチ取りが入っているのです。なので、赤い模様に見えます。

爪は赤なのですが、ツノと背びれは緑

です。目のフチにも赤いラインが入っていて、目の下は赤と緑のラインの模様みたいなものが入っています。

　うわぁ、ド派手できらびやかな龍だなー、と思いました。赤と緑の模様なので、なんとなく古代中国の寺院のようだ、とも思いました。見たことがない龍だし、もしかしたら中国から来たのかもしれないということで、そこを質問してみました。

「どこから来られたのですか？」

「大陸から来た」

　やっぱり、と思いました。そこで龍が地図を見せてくれたのですが、中国大陸の西部が見えました。チベットのあたりです。

「アッナァーシャル」という言葉が聞こえ、え？　アリューシャン？　と思いましたが、アリューシャンは列島だし、場所が全然違うので聞き間違いだろうとスルーしました。

　今、この原稿を書くにあたって、チベットにそのような名前の街があるのかな？と調べてみたら……キャーッ！　と絶叫してしまうくらい驚きました！　なんと、チベットのすぐ近くに、アルナーチャル・プラデーシュ州というインドの州があるのです！

ということは、あの龍はインドの龍だったんだ！　と大変驚いています。インドにも龍がいるんですね。龍の認識を新たにしました。ついさきほどまで、チベットの龍だと思っていたので動揺しています（笑）。

この龍は日本の龍と違ってたくさんお話をしてくれます。正確に言うと、自然霊である龍ではなく、龍の姿をした神様です。出雲大社《いずもおおやしろ》の神様は大蛇《だいじゃ》のお姿をしていますが、ヘビではありません。神格が高い大きな神様です。それと同じです。

龍神《りゆうじん》が言うには、太古の時代、重要な大陸と大陸の間をよく行き来していたそうです。大陸の一方は、さきほど書いたチベットあたりのことを言っています。しかし、もう一方の大陸は見せてもらえませんし、ヒントすらくれません。

失われた大陸なのかな？　と私は思いましたが、真相はわからないです。その大陸間移動の途中に、青島で休憩をしていたと言うのです。

「あの～、質問があるのですが」

「なんだ？」

「神様だったら、休憩はいらないんじゃないですか？」

三次元の世界を、飛行機や渡り鳥みたいに飛ぶわけじゃないし……と思っていたら、

「何を言うか、神だって疲れる」

　とのお答えでした（笑）。たぶん、ジョークでしょうが、もしかしたら太平洋という大海原《おおうなばら》を渡るのは、少し力を使うのかもしれません。

　龍神は本殿にはいませんでした（本殿は眷属《けんぞく》たちが守っています）。いつもいないのかと聞くと、いない、と言います。今はもう大陸間移動をしていないので、

「時々、来る」

　とのことです。

「時々、来た時にずっと……たとえば１カ月とか、滞在しないのですか？」

「長く滞在することはない」

「では、いつもどこにいらっしゃるのでしょう？　ユーラシア大陸ですか？」

「うむ」

「ってことは、私が本に書いて読者さんが来ても、神様には会えないってことですよね？」

「この日は、いる」

　は？　今日？　えっと、今日は22日だけど、それとなんの関係が？　と思っていたら、教えてくれました。

「2が2つ並ぶ日は大事な日である」

さっぱり意味がわかりません。しかし、22日は確実にここに来るようです。

「22日だけ、ですか？」

「同じ数字が並ぶ日は来ている」

ということは、11日にも来るということです。

「あの〜、1日と15日は神様のお祭りの日ですよね？　1日と15日にも来る、というのはどうでしょう？」

「それはこの国の神の、祝いの日だろう」

龍神は自分とその日にちは関係がない、当てはまらない、と言います。

つまり、チベットに近い場所にいるこの龍神にとって、大切な日はゾロ目の日ということです。特に、22日は大事な日らしいです。たまたま私は22日に参拝していてラッキーでした。

そのような話をしていたら、幼稚園児たちがにぎやかにワラワラとやって来ました（平日だったので、それまで元宮エリアには誰も来ませんでした）。そこで境内を出て、島をぐるっとまわってみることにしました。

超絶パワースポットで龍神様のパワーをいただく

境内を出て、左側へと歩いてみました。奥に行けば行くほど鬼の洗濯板が見事です。私が行った時間はこれまた、超ラッキーなことに引き潮でした。

てくてくと歩いて行くと灯台があり、そこを越えたあたりから、超絶パワースポットとなっています。

海の聖域、プラス、龍神の神域となっているため、高波動が強烈です。島のちょうど裏側あたりです。

その一角に、鬼の洗濯板ではない砂浜がほんのちょっぴりあります。砂浜には水たまりがいくつもあって、引き潮になる時に取り残された海水が、そこに溜まっていました。これが聖水です。海水だからというわけではなくて、取り残されている砂浜がパワーのある場所なのです。

せっかくなので禊《みそぎ》をさせてもらわなければ！　と思い、手をひたし、頭にもポトポトとたらして、簡易禊をさせてもらいました。本当にすごい力を持っている聖水でした。

砂浜の横にはコンクリートで固めたのかな？　という色合いの岩が沖まで続いて

います。その先端にある岩が、これまたすごいパワースポット、聖地中の聖地でした。龍神が「神事をするのならここ」と言った岩です。

それは是非《ぜひ》！　立ってみたい！　と思いましたが、藻《も》が多くて、つるりんっとすべりそうです。つるりんだけならチャレンジしてもいいのですが、つるりんの次はバッシャーンなので、冬は無理、と判断しました。

夏に行く、濡れてもかまわないという人は、この岩の上に乗り、そこで神事をすると特別なパワーをいただけるということです（自己責任でお願いします）。

神事は、日本酒を海にバシャバシャと流して奉納する、それだけで十分です。ちなみにインドの龍神ですが、長く日本でも拝《おが》まれてきたので、この時に祝詞は必須です。

龍神は大陸間移動をするようなエネルギーのある神様ですから、とにかく強いです。

この龍神のパワーを特別に強くもらいたいと思った私は、どうすればいいのか聞きました。普通の神社であれば、おふだかお守りを買って、神前に置き、「特別に波動を入れて下さい」とお願いをします。

青島の龍神の場合は、おふだやお守りだけでなく、この島の裏側にある貝殻のかけらでも波動を入れてくれるそうです。そのかけらは、島の裏側のパワースポットにあるものが最もよい、とのことでした。

ポイントは、満潮時に海水の下になるもの、だそうです。ですから、満潮時に行った時は海水に沈んでいるものを拾うといいです。

私が行ったのは干潮時だったので選ぶことができました。どれにしようかな～、としばらく探しましたが、どれも同じようなものなので、「これでいいか」と茶色くくすんだものを選びました。

「そんな地味なやつでいいのか」

「言われてみれば地味ですね。じゃあ、この二枚貝にします。小さくて可愛いし～」

「それはまだ生きている」

「えっ！」

よく見ると本当に生きた貝でした。結局、小さな巻き貝のかけらにしました。その貝を岩の上に置いて、上空にいる龍神にパワーを込めてもらいました。

次に、いただいた「龍神パワー」について聞いてみました。

「この大きなパワーで、いったいどんなすごいものがもらえるのでしょうか？」

この時私は、ツキまくりの福運とか、金運が急上昇とか、人生が好転する強運などを思い浮かべていました。

「何を言っているのか。そのパワーを使って、自分でつかみ取れ」

龍神は、自分で成功などを手に入れよ、と言うのです。龍神のパワーを持っているからといって、何かが向こうからやって来るのではない、ただボ〜ッと待つな、待っていたって何も来ない、とつけ加えていました。

強力なパワーを使って自分でつかめ、というわけです。

しかし、そう言われても……具体的に、何をどうすればいいのか、さっぱりわからないという人が多いと思います。

たとえば、仕事が営業だったら、売り込みやプレゼンのシミュレーションを何回もやってみる、営業トークに使えるよう世間で話題になっているものには興味を持つ、好印象を持ってもらえるよう身だしなみを整える、意識して笑顔を作るようにするなど、そのようなちょっとした努力を「貝殻（もらったパワー）を身につけて」するといいそうです。そして、その貝殻を身につけて営業に行く、という順番です。

商売繁盛は、もらったパワーを持って商売（ビジネス）を一生懸命して、お金は自分で稼ぐ、という具合です。天から降ってくるお金をただ待つのではなく、龍神パワーを身につけて自分の力でガッツリ稼ぐわけです。

「では、健康とか病気平癒《へいゆ》のパワーを下さいとお願いをしたら、そのあとはどうすればいいのでしょうか？」

龍神が言うには、パワーが込められている貝殻で患部を撫《な》でる、服用する前に薬の上にしばらく貝殻を置いておく（パワーを薬に移すためなので、薬の袋の上でいいそうです）など、もらったパワーを自分でなんとかするように、とのことです。

パワーをもらったからといって、何かいいことが勝手に起こる、幸せが向こうからやって来る、誰かがなんとかしてくれる、誰かが何かいいことを運んで来てくれる、神様が強運をくれる……とか、そのようなものではないそうです。

聞いていて、もらったパワーは自分で工夫して使用するものなんだな、と思いました。

参拝のおすすめは22日の干潮時に行って、聖域で龍神パワーをもらうことですが、ゾロ目の日に行けなくても大丈夫です。社殿にいる眷属が話をしっかり聞いていますし、それらすべての願掛けは龍神が来た時に報告しています。

ご神木がいっぱいの聖域

宇《う》美《み》八《はち》幡《まん》宮《ぐう》

福岡県糟屋郡宇美町

「子安の石」には感謝の念が込められている

この神社は非常に珍しいです。というのは、境内にある〝大木〟がすべてご神木《しんぼく》なのです。

ご神木というのは、気が遠くなるほど長い年月がかかって大きく成長した木に、高級霊や神様が宿っているものです。何百年も生きている木がそんなに多くないうえに、その木に高級霊や神様が宿るとなると、いろいろと条件もあるため、なかなか難しい部分があります。年月さえたっていれば、どれもご神木になるわけではないのです。

ですから、ご神木はひとつの神社に1～2本というのが普通です。

しかし、ここ宇美八幡宮はご神木だらけです。境内には「湯蓋《ゆふた》の森《もり》」「衣掛《きぬかけ》の森《もり》」という、2本の特別に大きなご神木があります。この2本はどちらも大地から吸い上げた、地球の癒《い》やしパワーを持っています。そばに立つだけで、ほかほかと癒やしてくれますから、木のそばで少し時間を取るといいです。

このように大木が多くあるということは、この地にいた神様が古代から信仰されてきた証拠であり、こんにちまでずっと聖域だったということです。

宇美八幡宮は安産祈願や、お宮参りなどの子どもが健やかに成長することを祈願する神社として有名です。私も妊娠5カ月目の戌《いぬ》の日はこの神社で祈禱《きとう》をしてもらい、息子のお宮参りもこの神社でしました。

本殿の裏側には「子安《こやす》の石《いし》」があります。ものすごい数の小石が奉納されていて、安産の願掛けをする時は、ここから小石をひとつ借ります。小石は神棚に上げたり、特別に祀ったりする必要はないので、部屋のどこかに置いておきます。

無事に出産したのち、ふたたびこの神社を訪れて借りていた小石を返します。その際に、新たに小石をひとつ奉納するようになっています。新しい小石には、無事に生まれてきた子どもの名前を書くのが慣《なら》わしです。

一般的に5カ月目の戌の日に安産祈願をして小石を借り、お宮参りもここでして、その時に出産のお礼を述べ、子どもの健やかな成長を祈願し、小石を返す、というパターンが多いようです。

さて、この「子安の石」ですが、ひとつひとつにとてもよい念が込められています。「生まれてきてくれてありがとう」という子どもへの感謝の気持ち、子どもを授けてくれた天への感謝、無事に出産できたことで守ってくれた神様への感謝などです。

小さな石（中には大きな石もあります）に、それはもう「ありがとう」という気持ちがいっぱいに詰まっているのです。

本殿の裏に行くと、「ありがとう」「ありがとう」「ありがとう」と、たくさんの感謝の念がそこにあります。薄くあるのではなく、くっきりとした濃いもので、そのおかげで特別な世界ができています。「ありがとう」ワールドなのです。

石は念を保持しますから、このエリアは感謝という高波動の念だらけで、とてもよい空間であり、「気」がまろやかであたたかく、心地よく感じます。

この「ありがとう」ワールドにあって高波動に馴染《なじ》んでおり、さらに感謝が込められている石を借りることで、その「ありがとう」の作用によって安産になるわけです。

私のように、せっかく宇美八幡宮に行ったのに難産でした、という人もいるかと思います。そのような人は、本来ならもっともっと厳しいお産になっていたところをやわらげてもらっているのです。

詳細は省きますが、私の場合も、危なかったお産で息子が無事に生まれたのは、宇美八幡宮の神様のおかげです。今でも深く感謝をしています。

神様にお聞きすると、

「子どもは希望とともに生まれてくる」

と言います。

ここで言う「希望」とは、将来に対する期待、将来の明るい見通し、という意味です。それは赤ちゃん本人が、今から歩んでいく人生をどのように輝かせようか、どのように彩《いろど》っていこうかと、期待に胸をふくらませて持っている希望です。

迎える側（両親、兄弟、祖父母など）も、この世に愛する人、大事な人が1人増えるわけで、赤ちゃんの誕生と同時にキラキラした希望をもらえます。出産とはこのように素晴らしいものである、とのことです。

頼れる軍神でもある安産の神様

ここの神様は古くて、邪馬台国《やまたいこく》の時代のもっと前に人間だった神様です。当時は小規模な集落と集落が戦っていて、でもまだまともな武器はなく、しかも統制が取れた戦いでもなかったので、団体で喧嘩《けんか》をする、みたいな感じでした。

その時にすでに拝まれていた神様です。つまり、とても戦いに強かった人物が少し前にいて、その人を神様として祀ってお守り的存在にしていたようです。

神様はスカートのような腰蓑《こしみの》をつけており、見えている腕や足などの筋肉がすごいです。がっしりした体格でいかにも強そうな男性です。

神様は太古の時代、軍神として崇拝されていたのですが、歴史の途中で安産の神様にされています。しかしそれ以降も、応神《おうじん》天皇がご祭神《さいじん》ということになっているため、戦勝祈願をされたことが少なくなかったそうです。

神様本人は、軍神として戦勝祈願をされるよりは、安産、子育ての願掛けをされるほうがいい、と言っていました。こちらのお仕事のほうが好きだそうです。人々を幸せにする方向でサポートをしたいとのことです。

平和的なことを言っていた神様ですが、力は驚くほど強いです。私が九州の戦国武将だったら、この神社に戦勝祈願をします。強烈なパワーとエネルギーを持っていますから、ご神木がたくさん育つのは当たり前というわけです。

駐車場の車に戻った私は、とりあえず記録をしなければと、スマホに向かってしゃべりました。話を始めて5分くらいだったと思いますが、人生で最大の眠気に襲われ、なんと、話をしている最中に声が小さくなって、ろれつが回らなくなり、そのまま「ぐぉー」と寝ていました。

こんなことは後にも先にもこの時限りです。人間を強引に眠らせることができる神様なのです。それくらいパワーがあります。

10分くらい寝て、ハッと目覚めると、非常に爽《さわ》やかな気分になっていました。ワクワク、ウキウキとしたハッピーな感覚もありました。体は羽が生えたかのように軽くスッキリとしていて、神様がメンテナンスをしてくれたのだな、とわかりました。直前の自分と全然違うのです。エネルギーも与えてくれたようで、細胞が生き生きとしていました。

あとから判明したのですが、この時、私の体の中にはよくない病気の芽があったそうです。それを消してくれたのでした。

神域で眠たくなったら寝て下さいね、ということは何回か書いてきましたが、今回は声を大にして言います。少しでも眠たくなったら、絶対に寝たほうがいいです。芽のうちに消してもらえる病気もあるからです。

神社がある一帯は、大昔の集落が発展していって、古代のクニとして栄えていた地域です。そのような「気」が色濃く残っています。

軍神として人々を守ってきた神様ですが、今は赤ちゃんや子どもに優しい神様となっています。けれど、力は強いので、他の願掛けも、私のように病気の芽をつむ願掛けも叶えてくれます。

最後に、ブログに書いたお話も載せておきます。

私の祖母は霊能者で祖父は審神者《さにわ》でした。祖父母は、霊に取り憑かれて困っている人々を無償で助けていました。その方法は、憑かれている人から祖母の体に霊を移し、それを祖父が成仏《じょうぶつ》させたり、退治したりしていました。

除霊の依頼があって福岡に行った時のことです（祖父母は広島県に住んでいました）。

憑いていた悪霊が強烈に強かったため、祖母の体に乗り移った悪霊を祖父は退治することができず、悪霊が祖母から離れなくなりました。

困った祖父は、近所にあった宇美八幡宮の神様に助けを求めました。宇美八幡宮の神様は快く祖母を救って下さり、おかげで祖母は命が助かって、無事に広島まで帰ることができました。

祖父はそれから数年間、毎年、お礼参りに宇美八幡宮まで行っていました（新幹線が開通していなかった時代のことです）。

目の病気に強い仏様がいらっしゃる

一《いち》畑《ばた》寺《じ》（一《いち》畑《ばた》薬《やく》師《し》）

島根県出雲市

眼球を手のひらで転がす仏様

目の病気に霊験《れいげん》あらたかだと言われる薬師如来《やくしにょらい》さんがいるお寺です。
私が初めて出雲地方へ行ったのは2013年でした。まだ本を出していなかったし、ブログも始めて半年くらいだったのですが、親切な読者さんがこのお寺のことを教えてくれて、それで知りました。強度近視の私は、情報をもらった時から「出雲に行きたい！」と思っていました。

1冊目の本にほんの少しだけ初回参拝時のお話を書いているのですが（10行だけの紹介でした）、5年後（2018年）に、ふたたび参拝をしたので改めて紹介をしようと思います。

まず、初回参拝時のお話です。

本堂《ほんどう》前に到着して、ご挨拶をしようと合掌《がっしょう》した時に祈禱が始まりました。ありがたいことにこのお寺は、スピーカーがお堂の外に設置されていて、中で祈禱をするお坊さんの読経《どきょう》が、外にいる人にも聞こえるようになっているのです。

心地よいお経を耳にしながら、「これ以上目が悪くなりませんように」「網膜《もうまく》が破れたりしませんように」という願掛けをしました。

一生懸命にお願いをしていると、見えない世界でお堂の中から薬師如来さんの2本の腕が、すーっと私の目の前に伸びてきました。うわぁ、薬師如来さんの手だ～！　と思っていると、次の瞬間、その左右の手のひらの上に私の眼球がひとつずつ載せられました。

不思議に思って見ていると、薬師如来さんは手のひらを上に向けたまま（眼球を載せたまま）、円を描くように動かします。すると、私の眼球が手のひらの上でコロコロ、コロコロ転がります。

こうして薬師如来さんは、私の目を手のひらで撫でてくれたのでした。本当に目を癒やしてくれる仏様なのだな、とその時に思いました。

ごりやくのおかげで

それから5年たち、その時のごりやくをしみじみと実感しています。

私は高校生ですでに強度の近視だったので、かかりつけの先生にいつも言われていました。「早い時期に白内障《はくないしょう》になることは確実である」と。それは仕方がないことなのだ、ということも聞いていたので、覚悟はしていました。

40代後半で白内障と診断され、軽度なので点眼薬で様子を見ましょう、となったにもかかわらず、ついつい目薬をするのを忘れ……検診に行くたびに目薬はもらっていましたが、真面目に点眼していませんでした。

50代前半で、かかりつけの病院が変わった時も、「白内障ですね」と診断され、その時は「ラッキーですね！」と先生に言われました。

というのは、白内障の手術をすれば、コンタクトレンズは今後必要なくなる、しかもその手術は保険がきく、と言うのです。先生は、歳をとればいずれ白内障になるのだから、若くしてなったことは本当にラッキーだと重ねて言います。

「いつ手術します？」と明るく尋ねてくれましたが、ビビリで小心者の私には決心がつかず……いまだにそのままです。

その後、引っ越しを3回したので、かかりつけの眼科医があちこち変わり、今は検診もサボっているという状況です。最初に診断された時から10年以上たっていますが、白内障は悪化していません。

私の年齢からすると老眼になっているのが普通です。早い人は40代後半から見えにくいと言って、老眼鏡をかけています。近視でコンタクトレンズをしている知人は、遠くは見えるが近くが見えにくいと、近くを見る時にコンタクトレンズをしたままで、老眼鏡をかけています。

薬師如来さんにお願いに行った年に私は51歳になっていて、その頃、なんだか近くが見えにくいなぁ、と思ってはいましたが、そんなに不自由は感じていませんでした。

あれから5年がたち、今年で6年目です（文庫化した2022年現在、9年目になっています）。けれど、いまだに老眼鏡は必要ありません。ですから、老眼鏡は持っていないのです。

目をコロコロしてくれた薬師如来さんのおかげだと思っています。

公式ホームページには、以下のように書かれています。

【創開は、平安時代寛平6年（894年）、一畑山の麓、日本海の赤浦海中から漁師の与市（よいち）が引き上げた薬師如来をご本尊としておまつりしたのが始まりで、与市の母親の目が開いたり、戦国の世に小さな幼児が助かったことから、「目のやくし」「子供の無事成長の仏さま」として広く信仰されております。】

2018年に2回目の参拝をしました。強風が吹き荒れる悪天候だったので、山頂近くにある広い駐車場は風が強烈でした。開けたドアがちぎれて飛んでいきそう！　と不安になったくらいです。

本堂に行って、まずはお礼から述べました。前回願掛けをしてから、近視の度数が進んでいないこと、老眼になっていないこと、白内障も進んでいないことなどを、丁寧に説明をして、心からお礼を言いました。そしてこれからも、目が健康でありますように、とお願いをしました。

すると、今回もまた薬師如来さんの2本の腕がにゅーっと伸びて、私の目の前に現れました。前回と同じように、手のひらを上に向けてその上に眼球を載せます。そして、円を描くようにコロコロさせるのですが……今回は眼球がコロコロと転がりません。

「ええーっ！　な、なんでーっ？」と心臓をバクバクさせながらよく見ると、眼球

にはあちこちに黒いシミや汚れがついています。どうやらそのせいで転がらないようです。

薬師如来さんが根気よく手のひらを動かしていると、眼球は少しずつ動くようになり、最後はコロコロとスムーズに転がっていました。そのまま転がし続けてくれたおかげで、黒いシミや汚れがキレイに落ちて、クリアな眼球になり、ちょっと輝いていました。

「これで大丈夫だ」

ということで、洗ってくれたといいますか、お洗濯してくれたような感じです。

「どうしてシミや汚れがつくのでしょうか？」

とお聞きしたら、

「人間の体は錆《さ》びる」

と言っていました。

ありがたい薬師如来さんです。また何年かしたら、参拝しに行かねば！　と思っています。

クリスチャンでなくても甘えていい

大《おお》浦《うら》天《てん》主《しゅ》堂《どう》

長崎県長崎市

キリストの愛に包まれる

大浦天主堂は観光地にある教会なので、大勢の人が入って来て、出て行きます。中は自由に座れるようになっており、もちろん時間制限などありませんから、ゆっくりと心が落ち着くまで祈ることができます。

ただ、教会内部を素通りしていく観光客も多いので、ごく普通の静かな教会に比べると、ちょっと気ぜわしいかな～、という部分があります。時折、外国人観光客がワイワイガヤガヤとにぎやかに通過していきました（入口と出口が別になっています）。

私はこの教会に1時間近くいました。

キリストを呼んでみると、すぐに天上からス～ッと降りて来られました。キリストにとって、教会がどこの国にあるのかは関係ないようです（私が初めてキリストと会ったのは、アメリカのセドナでした）。

久しぶりにお会いできたのが嬉しくて、キリストのお顔をまじまじと拝見していたら……ふぅ～っと心地よく、目をつぶりたくなって……。

なんと！　目をつぶった一瞬で眠りに落ちました。上を向いたままの不自然な姿勢で、グゥグゥと10分くらい熟睡したのです。そのようなありえない姿勢で寝たので、目が覚めた時に肩が凝《こ》っていそうなものですが、そんなことは一切なく、体はとてもスッキリしていました。

明るく輝くような力強いエネルギーで満たされ、さらに心にも余裕ができていて、ものすごく大らかな自分になっていました。なんてありがたいのだろう、と感謝をしつつ、「さて、何を聞こうかな？」と考えましたが、聞くべき質問が思い浮かびません。

「じゃあ、もう無理して質問しなくていいか」と、ただただ、そこでキリストの癒やしをもらっていました。

そこへ60歳前後と思われる、リュックを背負った父親が、27～28歳の息子さんを連れて入って来ました。息子さんは知的障害があるようで、父親がしっかりと手を繋《つな》いでいます。

祭壇をじっと見ている父親のそばで息子さんは落ち着かないのか、ちょっぴりソワソワしていました。馴染《なじ》みのない場所だからか、薄暗かったからなのか、不安そうな顔でキョロキョロしているのです。

2人は、私の斜《なな》め前に座りました。長椅子に座っても、息子さんはソワソワと落ち着かずに動き、周囲をあちこち見まわしています。

「不安で怖いのかな？」と思った……そ

の時でした。

天井《てんじょう》あたりに浮いていたキリストが、しゅ～っと人間のサイズにまで小さくなって、降りて来たのです。座っている息子さんの前に降り立ったキリストは、腰を軽くまげて、少しかがんだ姿勢になりました。

そして！　座っている息子さんのホッペを両手でそっとさわったのです。両手で息子さんの顔を優しくはさむ感じ、両ホッペをキリストの両方の手のひらで優しく包み込む……そんな感じです。

キリストが、この息子さんをとても愛《いと》おしく思っていることが伝わってきます。キリストの全身から、ものすごい愛のオーラが放出されていました。

息子さんはそれまで、キョロキョロと落ち着かない様子だったのに、キリストにさわられた瞬間、スッと顔を上に向け、じーっとしていました。キリストが見えているのか、さわられている感触があるのか、愛のオーラのあたたかさがわかるのか、不思議なことにソワソワと動いていたのがピタッと止まりました。

「キリストはこの息子さんのことを心から愛おしく思っていて、不安を取り除いてあげたのだな」とわかりました。

知的障害者として生まれるという、非常に難しい人生を選んだ息子さんに〝つらいことも多いだろうが、頑張りなさい〟と、キリストが息子さんの〝魂〟に直接語りかけている、励ましていることが伝わってきます。

そのお2人の姿が崇高に輝いていて、涙がこぼれてこぼれて仕方ありませんでした。とても美しかったのです。

「愛する」という言葉が安っぽくて使えない、というくらい、キリストは人間一人一人に対してとても深い愛情……慈愛《じあい》をそそいでいるのでした。

キリストが愛を与え終わると、息子さんは非常に満足したような、満ち足りた顔ですっと立ち上がりました。さきほどまでの落ち着きのないソワソワした動きはしていません。

しっかりした足取りで、そのまま教会から出て行きます。父親が慌てて後ろから追いかけていきました。それくらい、普通にスタスタと歩いて行ったのです。

キリストはやっぱり素晴らしい愛の神様です。キリストが両手で息子さんの顔を優しく包み込んでいる……その光景は一枚の絵のようでした。

長崎にお住まいの方も長崎に観光で行かれる方も、大浦天主堂で心を癒やしてもらうことをおすすめします。

キリストは愛の神様ですから、愛をいっぱい持っています。つらいことや苦しいことなどをお話すると、その人の傷つき具合によって与える愛を調整してくれます。

教会に行ったことがない、キリスト教はよくわからないという人も、ここだったら観光地にあるので入りやすいと思います。クリスチャンではないから……という遠慮はいりません。思いっきり甘えていい神様です。

「健康運」に強い神社仏閣のご紹介

（＊は詳細を書いている書籍名およびブログの日付です）

目疾地蔵《めやみじぞう》（仲源寺《ちゅうげんじ》）《京都府京都市》

河原町《かわらまち》や祇園四条《ぎおんしじょう》から八坂神社《やさかじんじゃ》へ向かう通りの途中にありますが、入口が小さくて、奥へ入らないとお寺だとわかりません。知らずに通過する人が多いです。以前に勤めていた会社の同僚がこのお寺で願掛けをして、難しい眼病を治してもらっています。

私が見た感じでは、お地蔵さんより千手観音《せんじゅかんのん》さんのほうが強いです。観音さんはとても優しくて、ニコニコしています。私が合掌をしてお話をしている間、ずっと頭を撫でてくれました。

その手のひらからはなごみの波動が出ていて、体がゆらゆらっとしたくらいの高波動をもらいました。もしかしたら目を治すごりやくには、この観音さんの力もあるのかもしれません。

ロウソクとお線香を奉納して、そのお線香の煙を目に当てるとさらに効果があります。

浄瑠璃寺《じょうるりじ》《京都府木津川市》

本堂には9体の阿弥陀如来《あみだにょらい》像が安置されていて、この仏様方は非常に美しく荘厳です。お堂の中は阿弥陀さんの素晴らしくよい波動で満ちています。

自分と一番波長が合う（好きだと思う）阿弥陀さんを探して、その前に座ることをおすすめします。

じっとお顔を見ているだけで、癒やしを通り越した、なんとも言えない満たされた気持ちになります。不安だの暗い気持ちだのが消えて、穏やかな海のような、そんな安らぎを覚えます。

不安や悩みの原因自体は消えていなくても、そのことを不安に思う、悩みに思う、という苦しみの感情が消えるのです。心の健康・安定に特にごりやくがあります。

＊「ブログ2014年4月20日」

榛名神社《はるなじんじゃ》《群馬県高崎市》

高波動のパワーをたっぷりもらえて、癒やされまくり、浄化されまくり、という上質エネルギー高濃度充電スポットと言える神社です。徹底的に人をリラックスさせてヒーリングしてくれます。そのおかげで細胞が活性化するという、ありがたい恩恵があります。

境内全体がそうではなく本殿エリア内限定なので、そこまで登る必要があります。

境内社《けいだいしゃ》である「秋葉神社《あきばじんじゃ》」もおすすめです。高波動で免疫力《めんえきりょく》が高まり、体を本来の状態（健康な状態）に戻す作用がある神社です。

＊『神社仏閣は宝の山』

吉備津彦神社《きびつひこじんじゃ》《岡山県岡山市》

駐車場からの道がすでに清々《すがすが》しく、強いご神気《しんき》で包まれています。駐車場までの広い範囲が、よい波動のパワースポットなのです。

ここの神様は20代後半あたりの爽やかな青年のお姿です。色が白くて小柄、とても上品な草食系タイプの、おとなしくて優しい雰囲気です。とても高貴なこの神様は本当にあたたかい慈悲に満ちた「気」を持っているので、参拝すると心身ともによい影響があります。

なるべく長く境内に身を置くことが恩恵をいただくコツで、私が近所に住んでいたら通い詰めたい神社です。

病気平癒に特にごりやくがあります。

＊「ブログ2015年3月12日」

赤間神宮《あかまじんぐう》《山口県下関市》

ステージ4のスキルス胃がんだった私の叔父が、この神社の神様にがんを消してもらっています。

ご祭神は本当に安徳《あんとく》天皇で、子どものお姿で出てきます。

祈禱をお願いすると、内拝殿の祭壇の左側からトコトコと歩いてきて、祈禱をお願いしている本人のそばに下りて来ます。そして、小さな手で祈願者の頭や顔、肩から腕、背中などを撫でてくれます。

安徳天皇は亡くなったあとのつらい時期を、多くの人々の信仰心に救ってもらったそうで、その感謝を今も忘れず、人々に恩返しをなさっています。

＊『神様、福運を招くコツはありますか？』

川越大師喜多院《かわごえだいしきたいん》《埼玉県川越市》

元三大師《がんざんだいし》（慈恵大師《じえだいし》）が祀られているお寺です。

元三大師は最澄《さいちょう》さんと雰囲気がよく似た仏様で、控えめで謙虚《けんきょ》、いつもニコニコとしていて優しいです。

元三大師は角大師《つのだいし》としても有名です。当時、都で流行《はや》っていた疫病《えきびょう》を止めるため、禅定《ぜんじょう》に入った大師は角の生えた鬼の姿になったと伝えられています。弟子がその姿を書きとめておふだに刷り、都の人々の家の戸口に貼ってまわったところ、このおふだのある家は疫病神が恐れをなして寄りつかなかったそうです。やがて猛威をふるった疫病は終息《しゅうそく》をむかえたということです。

比叡山《ひえいざん》にある元三大師の御廟《ごびょう》に行った時に感じたのですが、生前は霊能力がすごかったようで、その影響なのか、人の体から悪いものを出すパワーを特別に持っています。

病気の芽をつんでくれる力をお持ちの仏様です。

＊『神社仏閣は宝の山』

興福寺《こうふくじ》《奈良県奈良市》

東金堂《とうこんどう》にいる薬師如来さんが超おすすめです。

薬師如来は右手から光が出る、額のポッチリ（白毫《びゃくごう》）から光が出るというのが普通ですが、ここの薬師如来さんは目から光が出ています。それは緊張やストレスから解放してくれる光（硬くなった心や体を癒やします）であり、病気治療系のパワーを与えてくれる光です。

参拝者が合掌をして拝むと、薬師如来さんがチラッとその人を見ます。その目から光線が出ているので参拝者はありがたい光を浴びることができます。

光は長めに浴びたほうが効果があるので、ゆっくりお話をすることがおすすめです。

＊『神様と仏様から聞いた 人生が楽になるコツ』

室生龍穴神社《むろうりゅうけつじんじゃ》《奈良県宇陀市》

強い龍が3体いる神社です。中心にいるのは赤銅色《しゃくどう》の猛々《たけだけ》しい龍で、脇には緑色と青色の龍がいます。

神社から少し山を登ったところにある龍穴（奥宮）がパワースポットとなっています。ここを流れる川の水は「龍の水」であり、聖水です。非常に清らかで浄化力が高く、驚くほどのパワーがあります。細胞を活性化させる力を持っていて、免疫力を高める驚異の水なのです。

水にさわることができなくても、場の波動が高いため、その水にふれた風に当たるだけで恩恵がもらえます。心身ともに爽やかになるパワースポットです。健康増進に特にごりやくがあります。

＊『神様と仏様から聞いた 人生が楽になるコツ』

✿越木岩神社《こしきいわじんじゃ》《兵庫県西宮市》

女性の味方と言える神様がいます。

本殿の裏手にはご神体とされる「甑岩《こしきいわ》」があり、神様はその上に立ったお姿で空間に浮かんでいます。

岩がご神体で、実際に神様がそこにいるという場合、普通だったら岩の中にいるというか、岩と重なっているというか、岩を通して見える空間にいます。その点から言うと、ここの神様は珍しいです。

女性のお姿をしていて、なぜか透明っぽく見えます。クリオネみたいな透き通った感じで、軽やかで、あっさりした雰囲気を持っています。女性を守ってあげたい、という気持ちが強烈に強い神様です。

安産や子宝祈願、女性特有の病気平癒などに特にごりやくがあります。

＊「ブログ2015年8月6日〜7日」

ごろごろ水《みず》《奈良県吉野郡天川村》

私は全国あちこちの霊水や聖水を飲んできました。その中で一番強いパワーを持った水はどれだったかと聞かれたら、迷わずこの水だとお答えします。力がすごかったです。

パワーある水というのは、普通、神社仏閣の境内にあります。神仏の波動が入っているために強い水になっているのです。しかし、このごろごろ水は境内ではないところにあるのに、体の毒素を排出してくれます（役行者《えんのぎょうじゃ》が開いた聖地、大峯山《おおみねさん》のふもとだからだと思います）。

私の場合は少ししか飲んでいないのに、体中の水が尿となって大量に出ました。わずかな短い時間に3〜4回トイレに行きましたが、毎回ビックリするくらい出たので驚きました。

口から入れた量に比べ、はるかにたくさん出るのでビビったくらいです。この時に毒素も一緒に排出していました。

短時間で体がスッキリ爽やかに、生き返ったようになる水です。老廃物や体に悪い化学物質を出すことに特にごりやくがあります。

＊「ブログ2013年2月3日」

氷川神社《ひかわじんじゃ》《埼玉県さいたま市》

三の鳥居《とりい》をくぐるとそこからが格の高い、清らかな聖域となっています。

ここの神様は落ち着いた雰囲気で、慈悲深いという言葉がしっくりくる優しさを持ち、ふところが深いです。

この神社のありがたいごりやくは「肩代わり」です。神様がその人の病気や苦難、先で起こる不幸などを代わりに引き取ってくれるのです。

病気だったら、病気自体を引き取ってもよければ（生まれる前からの計画やカルマではないことが条件です）引き取ってくれますし、そうではない場合はつらい症状や痛みを引き取って、悪化しないようにしてくれます。

将来起こる事故も、もしも起こることが必然なら、大怪我《けが》をする部分を引き取ってくれます。

病気平癒に特にごりやくがあります。

＊『「神様アンテナ」を磨く方法』

観心寺《かんしんじ》《大阪府河内長野市》

金堂《こんどう》の右手には、楠木正成《くすのきまさしげ》さんが建設中に亡くなったために、未完成のままの三重塔や、空海《くうかい》さんが作った星塚《ほしづか》があります。このエリアの土地の波動が高いです。

そこからさらに右手奥へ、石段を何段か登って行くと、恐ろしく高波動の空間になっています。それはもう、本当に気持ちいいー！　と叫ぶレベルです。開山堂《かいさんどう》周辺は聖域になっており、高野山《こうやさん》にある空海さんの御廟並みの透明度です。道興大師《どうこうだいし》（実恵《じちえ》）の御廟がこのエリアを見守るように作られているので、このお方のパワーだと思われます。

梅の季節に行けば、素敵な梅の香りにも歓迎してもらえます。心の健康・安定に特にごりやくがあります。

＊『神社仏閣 パワースポットで神さまとコンタクトしてきました』

箱根神社《はこねじんじゃ》《神奈川県足柄下郡箱根町》

龍神がいます。緑色の巨大な龍です。

祝詞を唱えると、ズザザーッという感じで出てきます。龍が泳ぐのはしゅるる

〜んという音が一般的なのですが、どうやらこの龍神は、音から判断すると鱗や背びれが固いようです。

龍神は、本殿から神門、第五鳥居、第四鳥居、「平和《へいわ》の鳥居《とりい》」、芦ノ湖《あしのこ》へと、ほぼ一直線の参道の上を、本殿側から湖へズザザーッと泳ぎます。逆向きはありません。

参道上をわざと低く泳いで、人々の頭をかすめています。この行動で恩恵をばらまくと言いますか、与えているのです。人々は知らず知らずのうちに、頭上から高波動の龍神パワーをもらっています。細胞を活性化する龍神パワーです。

健康増進に特にごりやくがあります。

第5章

「福運」に強い神仏はココ!

開運、成功、子宝祈願、などにごりやくがあります

子宮にパワーとエネルギーを与える
大きな海の神様
鵜《う》戸《ど》神《じん》宮《ぐう》

宮崎県日南市

縁起のいい「運玉投げ」にチャレンジ

1回目の結婚をしていた時のことです。私はなかなか子宝に恵まれず、悩んでいました。当時、父の転勤で両親は鹿児島に住んでおり、実家に行くたびに両親と一緒に周辺を観光していました。

鵜戸神宮もこの時期に行ったことがあって、「お乳岩《ちちいわ》」で有名な神社ですから、必死に子宝祈願をしました。その後、めでたく息子を授かることができ、妊娠がわかった時点で両親が私の代わりにお礼に行った、という、そのようなご縁がある神社です。

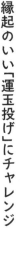

神門《しんもん》をくぐって海を見ながら参道を行くと、立派な楼門《ろうもん》があります。その先に橋が2つほどあって、そこから参道が下りになります。下りたところが神前なのですが、本殿《ほんでん》はぽっかりと開いた巨大な洞窟の中にあります。

日本をあちこちまわっていると、洞窟の中に小さな祠《ほこら》や小さなお社《やしろ》があるのは、たまに見かけます。しかし、鵜戸神宮は立派な本殿や授与所（2カ所）、さらに境内社《けいだいしゃ》まで、全部が洞窟内にあるのです。ということで、洞窟内はかなり広いです。洞窟の前は少しスペースがあって、広大な海が気持ちよく見渡せるようになっています。

眼下には「霊石亀石《れいせきかめいし》」という、亀に似た形の岩があり、その亀石の背中にはしめ縄で囲まれた四角形の穴があります（水が溜まっています）。ここをめがけて「運玉《うんだま》」を投げ、入れば願いが叶《かな》うそうです。

運玉は豊臣秀吉《とよとみひでよし》さんが教えてくれた、強運になる方法の玉の名前と同じで、大変縁起がいいです（詳しいことは『運玉』という本に書いています）。

チャレンジしなければ！　と張り切って挑戦した結果、見事1個目で入りました（運玉は5個で100円でした）。

「入ったー！　やったぁ！　ひゃっほー」と喜んだあとで、「しまった、お願いをしてないやん……」ということに気づいたという、相変わらずのおマヌケぶりです。

鵜戸神宮の運玉は、粘土のような土を丸めて乾燥させた玉になっていて、「運」という文字の刻印がしてあります。見た目にも縁起がいいので、チャレンジすると楽しいと思います。

この神社の神様は大きな海の神様です。

本殿で息子を授けて下さったことのお礼を言い、息子の話をして、お嫁さんが出産予定であることもお話しました。お嫁さんに「おちちあめ」と、縁起物である可愛いうさぎの絵馬《えま》を購入し、そこからはこの時に悩んでいた個人的な相談をして、あれこれとありがたいアドバイスをもらいました。

私的にはとても満足した参拝になり、爽《さわ》やかな風に吹かれながら海を眺めつつ、参道を戻っていて、ん？　と気づきました。本に書けるようなお話をまだ聞いていないのです。

こんなに素晴らしい神様を紹介しないのは、読者の方に申し訳ないので、慌《あわ》てて神様にお聞きしました。

「神様、何か本に書けることを教えて下さい。お願いします。質問をしようにも、何も思いつかないんです～」

神様はくすくすと笑いながら、

「そちらに行ってみなさい」

とだけ言いました。指し示された方向を見ると、参道の脇に案内板があって「吾《あ》平山上陵《ひらのやまのうへのみささぎ》」と書かれています。「鵜戸陵墓参考地」とも書かれており、どうやらご祭神《さいじん》としている人物のお墓みたいです。

神様は海の神様ですから、お墓と関係があるとは思えず……しかし、神様が行ってみたら？　と言うのですから、何か読者の方にとってよい情報があるはずです。

波切不動の一番のごりやくは？

そちらへ向かって歩いて行くと、お稲荷《いなり》さんがいることがわかりました。石段を上がったところに立派なお社があります。稲荷社の前は小さな広場になっていて、右手には「恵比須神社《えびすじんじゃ》」というお社もありました。

恵比須神社の横には素朴な鳥居《とりい》があって、山のほうへと石段が続いています。手書きっぽい看板マップには、「吾平山御陵」と「波切神社《なみきりじんじゃ》」という2カ所の道順が描かれていました。

その看板を見た瞬間に「ああ、ここだ！　神様が行ってみなさいと言ったのは、波切神社のことなんだ！」とわかりました。名前からして、波切お不動《ふどう》さんがいるのだろうな、と予想がつきます。神社となっているところが興味深いです。

張り切って山道を行こうとしたら、そこには大文字で注意書きがされていました。「スズメバチにご注意下さい」です。スズメバチの文字は赤になっていて、危険度が高いことを示していましたが、冬なので大丈夫だろうと思い、先へと進みました。

山道を少し登ったところで右折します。そこから5分も歩いたかどうか正確に覚えていないのですが、道は下り坂になり、勾配《こうばい》が急な小道を下りていきます。しばらく下ると、巨大な岩の下に赤い鳥居が見えてきます。こちらにも大きな洞窟があったのです。洞窟内にある鳥居の扁額《へんがく》には「波切神社」と書かれていますが、いたのはお不動さんでした。

鳥居をくぐって最初に目に入るのは、右側に安置されている50センチくらいの不《ふ》動明王《どうみょうおう》石像です。しかし、風雨？　波？　に長い間さらされてきたせいか、かなり浸食されていて、よく見なければお不動さんだと気づきません。

石像の向こうにはお社があります。見た感じは神社っぽいのですが、鈴の代わり

に魚板《ぎょばん》が下げてあり、お線香を立てる香《こう》炉《ろ》もあります。両脇にはお不動さんの像が安置され、神仏習合的なお社となっています。

その奥にはコンクリートでできた小さな祠があって、そちらにもお不動さんの石像が安置されており、石碑には「波切不動尊」と書かれていました。もともとお不動さんが祀《まつ》られていたのでしょうが、それを神社にしたみたいです。

波切不動とは、空海《くうかい》さんが唐《とう》から帰国する時に現れたお不動さんのことです。海が大荒れに荒れて、これはやばいと思った空海さんが、ご自分で彫られたお不動さんを拝《おが》んだそうです。

すると、そのお不動さんが剣で波を切

り続け、おかげで嵐が収まって無事に日本に帰ることができた、という伝承があります（そのお不動さんは現在、「高野山別格本山《こうやさんべっかくほんざん》　南院《なんいん》」に祀られているそうです）。

このように海上安全のごりやくがあるお不動さんを波切（浪切）不動と言います。ごりやくはそれだけというわけではなくて、普通のお不動さんに「海上安全のごりやくがプラスされた」お不動さん、となっています。

開運のごりやくをいただくコツ

この場所で手を合わせて真言《しんごん》を唱えると、ものすごく大きなお不動さんが出てきます。私がお不動さんを見上げていると、お不動さんのほうも上から私をじーっと見ていました。

「お不動さんは本当に嵐に強いとか、航海に強いという力をお持ちなのですか？」

「うむ」

お不動さんは低く唸《うな》るように言って、

「荒れた海から人間を救うこともできる」

とつけ加えました。そこでふと、宮島《みやじま》の大聖院《だいしょういん》にあった波切不動明王を思い出しました。豊臣秀吉さんの念持仏《ねんじぶつ》で、朝鮮出兵時の軍船宝丸《たからまる》に安置されていたという仏像です。厳しいお不動さんでした。

そのお不動さんは、必勝祈願など「戦って勝つ！」系の願掛けが得意だったので、

「お不動さんの〝一番の〟ごりやくってなんでしょうか？」

と聞いてみました。すると、

「道を開く」

という意外な答えが返ってきました。

「それってつまり、『開運』ということでしょうか？」

「うむ」

へぇぇぇぇーーー！　そうなんだぁーーー！　と大興奮しました。すごいことをサラッと言うお不動さんです。

波を切って船をぐんぐん進ませるように、立ちふさがるさまざまな困難や障害を剣で切って突き進ませてくれるという……なんと！　この波切お不動さんは、開運してくれる仏様だったのです！

しかも、誰も来ないような秘密めいた場所にいるお不動さんですから、参拝する人も少ないと思われます。私がここにいた1時間半あまりの間、往復した時間を含

めると2時間以上、誰も来ませんでした。すごいお不動さんを独り占め状態だったのです。

この場所にある石像はどれも道が繋《つな》がっています（須弥山《しゅみせん》や浄土など離れたところにいる仏様ご本人と直通のパイプのようなものが繋がっている、という意味です）。どの石像にお願いをしても、声は届きます。

ただし、道が太いものと細いものとがあって、太い順に書きますと、①摩耗《まもう》している石像、②最奥にあるコンクリートの祠の石像、③赤いお社です。どれかひとつだけに手を合わせるとしたら、摩耗している石像がベストです。

ここでごりやくをいただくコツはもう

ひとつあります。摩耗した石像のあたりは上の岩から、30秒に1回くらいの頻度で、ぴっとん、ぴっとん、というふうに水滴が落ちています。岩の中からしみ出てくる水のようです。それを1滴もらうのです。

うまく手のひらでキャッチするようにしてもらった私は、その聖水を額につけました。これで開運間違いなしです。

お不動さんの後方では、もっと水がしたたっていましたが、そちらはお不動さんの背後を登るような位置となっているので、やめたほうがいいです。

この場所は天然のパワースポットでもあります。海の波動が洞窟内にたまっているので、それを存分に浴びることができます。心身ともに洗濯《せんたく》してもらえるような、そんな清浄なエネルギーを充電できます。

天然のパワースポットであるうえに、強いお不動さんもいますから、二重の意味でパワースポットなのです。

私は「ず～っとここにいたーい！」と思いました。波の音が心地よく、海の波動も、海のパワーも魂にいっぱい受け取ることができます。高波動が体にしみ込む感じです。至福感で満たされます。

今は勤行《ごんぎょう》をされていないと思われるのに、どうしてこんなに強く大きいお不動さんなのか……そこが謎でした。護摩供《ごまく》もしてもらっていないのに不思議です。もしかしたら海水が関係あるのかもしれません。お不動さんがご自身で海のパワーを吸収しているのかもしれないです。

ここにはたっぷり1時間半以上いましたが、まだまだ足りないという感じで去りがたかったです。開運したい、大成功したい、そのような方におすすめのお不動さんです。

神様と仏様は知り合い!?

鵜戸神宮の境内《けいだい》に戻って、最後に神様とお話をしました。

「子宝祈願がお得意なのでしょうか?」

という質問には、

「うむ」

と答えていましたが、

「それは、生物が海から生まれたという、海の特性、海の恵みによるものですか?」

と聞くと、

「違う」

と言うのです。

神様によると、現代は子宮に力がない人が多いそうです。子宮は小さな受精卵を赤ちゃんにまで育てる、命をはぐくむ臓器です。パワーとエネルギーがなくなっていると妊娠・出産は難しいとのことです。

女性はもともと子宮に力を秘めて生まれてきています。しかし、冷えや緊張、ストレスなどで子宮が疲れてしまっている人が多く、そうなると力を失って、命をはぐくめなくなります。鵜戸神宮の神様は、失われたパワーとエネルギーを弱った子宮に与える、という方法で祈願を叶えているそうです。

〝縁《えん》〟がなくて赤ちゃんが来ない（子宮には力がある）人は、縁結びに力を発揮する神様のところに行きなさい、とのことです。このような人は縁を結んでもらえれば赤ちゃんが来ます。

〝縁〟はある、赤ちゃんも向こうの世界で来る準備を終えている（でも子宮の力が低下している）人は、ここでそのパワーを与える、と神様が言っていました。

毎月「妊娠してるかな？」「してるかな？」と気を張る、子宮に意識を集中する、そうすると子宮に変な力が入って緊張してしまい、硬くなります。そうなると、パワーが低下するのでよくないらしいです。同じくストレスも冷えも子宮を硬くしてしまうので、よくないというお話でした。

臓器は、あたたかく柔らかくしておかなければ、その臓器が持っているパワー、エネルギーが減っていくそうです。子宝を授かるコツは、冷やさない、緊張しない、ストレスをためないということで、そうすると、パワーもエネルギーも失いませんから、授かりやすくなるそうです。

この神様は子育てもサポートをしているので、子どもがすくすく育ちますように、という願掛けも叶えてくれます。

「神様？　子宝と子育てだけが得意分野というわけではありませんよね？」

「他に何が欲しいのか？」

「やっぱり、人間は開運や金運が、一番欲しいのではないでしょうか……」

「それは今、行って、見てきただろう？」

「あーっ！　そうか、そうですね！　波切お不動さんのところに行きました！」

「金運や開運をワシに願うのもかまわぬが……」

という言葉のあとに、あの不動明王は大きくて力も強大である、みたいなことをつけ加えていました。神様と仏様は世界が違うのに、知り合い？　のような感じを受けました。

本殿の神様は海の神様ですから、基本、なんでも願って大丈夫です。しかし、専門性の面から言うと、子宝祈願や子育てのサポート祈願がお得意です。

神様が臓器にパワーとエネルギーを与えるのは、子宮に限ったことではないので、内臓が弱い人、内臓に病気がある人などもお願いに行くといいです。

山々の上にいらっしゃる神様を拝殿で呼ぶ
彌《や》彦《ひこ》神《じん》社《じゃ》

新潟県西蒲原郡弥彦村

一の鳥居から入るのがベスト

ナビの案内が適当で、「目的地周辺です。音声案内を終了します」と言われたところが「は？　ここどこ？」みたいな場所でした。駐車場の表示もないし、狭い道路を走行中だったのです。

「ンモー」と思っていたら、目の前にお尻をふりふりして（そのように見えるのです）軽快に走る1台の軽トラックがいました。こういう時、外国でも日本でも、うまく先導してくれる車が必ず目の前に現れるので、きっとこの軽トラがそうなんだな、とあとを追いました。

軽トラは細い道を上ったところにある駐車場の奥へと入って行きました。私も後ろからついて駐車場に入ると、ちょうど向こうから来た車の男性ドライバーが「ダメダメ」というジェスチャーをします。

え？　満車？　いや、違うわ、あのジェスチャーはここに停めてはいけないってことだな、と思った私は、駐車場の入口でUターンをしました。なんとなく一般の駐車場とは違う雰囲気だったのです。

そのまま車を発進させようとしたら、ダメダメと気づかせてくれた男性が、わざわざ車を降りて声をかけてくれました。ここは神職《しんしょく》さんや巫女《みこ》さん専用の駐車場だそうで、参拝者用の駐車場は別のところにあることを丁寧に教えてくれたのです。

お礼を言って行こうとすると、「ちょっと待って」と男性は、車の中で何やらごそごそしています。

カバンの中から取り出したのは、神社の境内マップと、冊子になっている弥彦村《やひこむら》のガイドブック（御神廟《ごしんびょう》がある山頂のマップが載っています）でした。それを私にくれたのです。言葉のイントネーションで地元の人間ではないとわかったのだと思います。

いきなり親切な人と遭遇させてもらえて、ここの神様はすごいなー！　と思いました。男性にお礼を述べて、そのあとも運転しつつ「いい人だったなぁ～」としつこくつぶやき、駐車場へと行きました。

余計な先入観を持たないよう、私が下調べをしないことを神様は知っていますから、親切な人を動かしてマップをくれたのだと思います。

一の鳥居から参道を歩く正式な参拝をするには、駐車場からぐるりと大まわりをしなくてはなりません。何も知らずに駐車場からそのまま境内に入ってしまうと、東参道から直接拝殿《はいでん》まで行ってしまうのです。広い境内なので、気づいてやり直しをするのはしんどかったと思うので、マップをもらえたことは本当にありがたかったです。

この神社はできれば一の鳥居から入るのがベストです。というのは、鳥居をくぐったところに小川が流れているからです。「御手洗川《みたらしがわ》」という、そのまんまの名前で、ちゃんと川に下りていく石段もありました。

小川は渡れるようになっていて、向こう側には上に登る石段があります。天然の手水《ちょうず》ですから、私はここで手を清め、頭のてっぺんに数滴たらして簡易の禊《みそぎ》をしました。霊峰弥彦山《れいほうやひこやま》の清流で、しかも生きている水ですから浄化力も強いです。

「玉の橋《たまのはし》」という神様専用の橋や「火の玉石《ひのたまいし》（持ち上げられたら願いが叶う重軽石《おもかるいし》で

す。ちなみに私は持ち上がりませんでした〜）」を見て、旧本殿跡へと行きました。

この旧本殿跡がすっごーく気持ちがよかったです。ご神気《しんき》もさら〜っと爽やかでした。神様がかつてここにいましたよ〜、という土地です。神様の波動がしみ込んでいる聖域なので、ここをスルーするのはもったいないです。

後醍醐天皇の肖像画は一見の価値あり

それから宝物殿《ほうもつでん》を見学しました。旧本殿跡の目の前にあったので、あとからもう1回来るのは面倒くさいな、などと思い、入ったのですが……驚きました！

私の個人的な感想を言いますと、現代美術とか、刀や鉢、馬具などにはそんなに興味を引かれませんでした。興味深かったのは2階に展示されていた、神武《じんむ》天皇から続く歴代天皇の肖像画です。

画家の想像力がすごくて、見てきたように描かれています。しかし、天智《てんじ》天皇は全然違うお顔でしたし、私が見たことのある天皇はほとんどが別人のように描かれていました。

でも、一枚一枚見るのは楽しかったです。

「あ、嵯峨《さが》天皇だ〜。空海さんが写経をおすすめした天皇なんだよね〜」とか、

「あ、こっちは一条《いちじょう》天皇だ。清少納言《せいしょうなごん》が仕《つか》えていた定子《ていし》のダンナさんだな～」と、自分なりに知っている名前の天皇のところは立ち止まってじっくり拝見しました。

そんな感じでゆっくり見ていくと、後醍醐《ごだいご》天皇の肖像画がありました。

「うわぁぁぁぁーーーーーーーーーーーー！」

と、大驚愕《きょうがく》したのは、後醍醐天皇が、まさに！　このお顔！　なのです！

他の天皇の肖像画は眉《まゆ》がキリリとしていて、精悍《せいかん》な顔が多いです。きつい顔に描かれている天皇もいました。そんな中、後醍醐天皇の眉は「ハの字」です。目が二重で、とても上品な顔立ちをしています。

きゃ～、本当にすごく似てるっ！　そっくりぃー！　画家の人ってどこかで後醍醐天皇を見たん？　見ていなかったらこんなにそっくりには描けないよねぇ、と、誰もいなかったので、ひとりで大騒ぎしました。

この宝物殿は、後醍醐天皇のお顔を知るために300円払っても惜しくないという、それくらい似ています。

後醍醐天皇はこのお顔で、私のことを「シッシッ」とハエを追うように手で払われたのです（『「山の神様」からこっそりうかがった「幸運」を呼び込むツボ』という本に詳細を書いています）。後醍醐天皇に興味がある人は是非《ぜひ》、見に行かれてみて下さい。

弥彦山には高波動の参道あり

その後、拝殿に行ってご挨拶をし、それから奥宮《おくみや》がある弥彦山に登りました。境内を出たところに、ロープウェイの駅まで連れて行ってくれる、無料のシャトルバス乗り場があります。おぉ〜、こりゃラクだわ〜、とシャトルバスに乗せてもらいました。

ロープウェイの乗客は私ひとりだったのですが、ガイドの女性がすごくいい人でほっこりしました。説明の途中で「写真を撮りましょうか？」と言ってくれたり、私がリュックを膝《ひざ》に載せてチマッと小さく座っていたら、「もっと広く使って下さいね〜、貸切ですよ〜」と言ったりしてくれました。

使いやすそうなバッグですねとか、話が途切れない工夫もしてくれて、２人きりで私が気まずい思いをしないように気づかってくれました。

駐車場での男性といい、授与所の人の対応（感じがよくて、親切でした）も素晴らしく、弥彦の神様のもとにはいい人が多いんだなと思いました。この神社でお仕事をしている人は、自分は神様の印象を左右する人間である、と自覚しているのかもしれません。

山頂のロープウェイ駅から奥宮まで5分くらいかな〜、と甘く考えていたのですが、意外と歩きます。15〜20分というところでしょうか。石段が続くので、地味にしんどかったです。

しかし、ありがたいのは、この山はロープウェイの山頂駅から奥宮までを歩いただけでも、霊山登山修行になることです。高波動の参道となっていますから、のんびり自分のペースで、ゆっくりとでも歩いて奥宮まで行くといいです。修行のハンコがひとつもらえます。

奥宮の入口にあたる鳥居の扁額には「御神廟」と書かれており、奥宮にお社はありません。墳墓《ふんぼ》っぽい場所を囲ってあるだけで、その正面に鳥居とお賽銭《さいせん》箱、2基の石灯籠《いしどうろう》が置かれています。

奥宮のエリアは広くて、景色もよく、ベンチもたくさんあり、芝生の上ではシートを敷いてお弁当を広げていた夫婦もいました。癒《い》やしもご神気ももらえて、くつろげるようになっています。

奥宮への登山はロープウェイを使ったので、下山は徒歩にしました。下りるだけ

だから楽勝楽勝と思ったのですが、この山はそうではありませんでした。「くぅ～、甘く考えた自分を叱《しか》りたい！」と、これは下山途中で思いました。

予想以上にしんどかったです。下山は普通、そんなにしんどくなく、さくさく下りられるところが多いです。しかし、ここは石段の一段一段が高かったり、大きな岩を伝って下りる、みたいなところもあったりして、「これって、登山するほうはむちゃくちゃしんどいのでは……」と思いました。

神話の神様に会える場所は？

さて、ここからは神様との会話です。

まず、もらった冊子に書かれていたご

祭神名「天香山命《あめのかごやまのみこと》」という人物なのかどうかをお尋ねしました。神様は、明るく「違う」と答え、「ああ、やっぱり」と思いました。ここの神様は明らかに神格が高い山岳系神様なのです。

天香山命がどのような人物なのか知りませんが、神話の世界の神様であろうことは名前からわかります。

「神様？　私、天照大神《あまてらすおおみかみ》とか、素戔嗚尊《すさのおのみこと》とか、神話の神様に会ったことがないんです」

「そうか」

「天照大神は、日本列島全体の神様であることをつい最近知ったので、お会いしてみたいんですけど……」

「ふむ」

「どこに行けばしっかりコンタクトできるのかが、わかっていないんです。日本全国あちこちの天照大神がご祭神の神社に参拝してきましたが、どこにもいませんでした。たぶん、どこかの海岸から日本を島として見る、そんな場所ではないか……と思っています。南の島々を訪れた時に、そのような場所で島の神様と会えたんです」

「九州に行くとよい」

神様がさりげなくヒントをくれます。

「えっ！　九州？　九州なんですねっ！」

非常にありがたい助言で、日本全国から九州という範囲に絞られただけでも御《おん》の字《じ》です。

そうか、九州だったか〜、九州で海岸というと……日南海岸《にちなん》？　と、そこ以外に海岸が思いつかない私は神様との会話を完全に離れ、ひとりでぶつぶつ言いつつ考え込んでしまいました。するとまた、

「鹿児島」

と、神様が小声で教えてくれます。

「へぇぇぇー！　宮崎じゃなくて、鹿児島なんですね‼」

九州７県から鹿児島県にまで範囲が狭《せば》まり、なんてありがたい、と感謝しつつも、私はまだ考えていました。鹿児島の海岸っていうと……吹上浜《ふきあげはま》かな？　あ、いや太平洋側のような気がするから、大隅《おおすみ》半島？　佐多岬《さたみさき》？　えっと、他の候補地は……え〜っと……。

「指宿《いぶすき》」

神様はさらに小声で教えてくれました。

「きゃー！　神様、ありがとうございますっ！　指宿なんですねっ！」

こういうことは本来、自分で研究して候補地を探し、それから実際に足を運んで、自分の目で検証すべきことです。

そのようなことを何回か繰り返して、人間の力ではここまでしかわかりませんでした、これ以上は無理です、となってはじめて神様に尋ねるものなのです。なんでもかんでも、探しもせず、行ってみることもせず、「教えて教えて」という態度はよくありません。

ですから、神様は今回に限り特別に教えてくれた、というわけです。

本当にありがたい！　と心底思いました。下手な鉄砲も数撃ちゃ当たるで、あちこち探していればいつかは天照大神に会えたとは思いますが、日本全国を旅行することになるため、無駄に鉄砲を撃つことになります。その分、時間も、膨大《ぼうだい》な費用もかかります。

指宿とピンポイントで教えてもらえたことは、ものすごい宝物をもらったことと同じです。なんて優しい神様なんだろう、と感激しました。

恐竜に神様はいらない

現代のこの山はそんなに高くはありませんが、どうやら人間が出現する以前はものすごく高い山だったようです。

弥彦の神様は、弥彦山ひとつにいる神様ではなく、連なっている山々の上にいる神様です。非常に大きくて強く、神格も高いです。

「神様は地球ができた頃から、この土地をつぶさに見てこられたのですよね？」

「うむ」

ということは、植物だけだった時代から、いろんな生物が出てきて徐々に進化していく様子も見てこられているわけです。

「恐竜全盛期ももちろん見ていたのですね？」

「そうだ」

恐竜たちが空を飛び、大地を走りまわる姿を見ていたと言います。そこから恐竜の話になりました。

私の認識では、恐竜はトカゲの巨大版、ワニの巨大バージョン、という感じです。獲物を見つけたら襲いかかり、肉を食いちぎってムシャムシャと食べ、何も考えずに生きているという印象です。

神様によると、「そうではない」そうで、今の人間ほどではないけれど、恐竜は頭がよかったと言うのです。知能は低くなかったそうです。

さらに驚くことに、「豊かな感情を持っていた」とも言います。獲物を「!」と見つけて、「ガォー!」と追いかけてつかまえる、何も考えずに食べる、寝る、それだけではなかったそうです。

たしか映画で見たような記憶があるのですが(私はうろ覚えの大天才なので、間違えているかもしれないことをお断りしておきます)、恐竜が携帯電話をおとりにして人間をおびき寄せるシーンがあって、その映画では知性を持った生物として描かれていました。

そのような感じですか? と神様に質問をしたところ、それくらいの知性はあったと言っていました。

悲しみや喜び、子どもに対する愛情だけでなく、思いやる気持ちやもっと複雑な感情も持っていて、原始の人間と同じくらいだったようです。

「ということは、もしも恐竜が絶滅していなければ、そのまま進化していって、今の私たちは恐竜の体だったということでしょうか?」

「そうではない」

進化の最終形はこうなる、という決まりのようなものがあって、この地球では手は2本、足も2本、二足歩行をする今の人間の体型はあらかじめ決まっていたそうです。星としての運命だったようですから、恐竜の体のままで脳だけ進化して、今のような生活をすることはなかった、とそのようなことらしいです。

当時は恐竜という生き物の体に、私たちと同じ魂が乗って人生を送っていました。心もあったそうなので、ちゃんと修行はできていたのです。

しかし、恐竜の体というのは、人間の体と違って、ものすごーく本能が強いため、「食べたい！」「このメスを自分のものにしたい！」「敵を倒したい！」などの欲求を意思で抑えることが非常に困難でした。

心があって、豊かな感情もあり、知能もそこそこ発達していますから、「ダメなことはダメ」と認識できるわけです。けれど、つきあげてくる闘争本能とか、食欲などは強烈に強く、それをなんとか克服する、我慢する、ことで修行をしていました。

たとえば、獲物をつかまえてムシャムシャと食べている恐竜Aがいます。恐竜Bは空腹で獲物を探していています。「腹へったー」「何か食いたい」と歩いていて、恐竜

Aを見つけます。

「あっ！　Aが肉を食っている！　それ、俺も欲しい！　食いたい！」と思った時には襲いかかっていて、恐竜Aと恐竜Bは喧嘩《けんか》をします。恐竜Bは喧嘩に勝って、恐竜Aの肉を横取りし、ムシャムシャと食べます。

恐竜Aにしてみれば、自分が必死で追いかけてやっと手に入れた食糧です。それを力ずくで奪われ、怪我《けが》まで負わされます。

これは盗みであり、暴力行為です。恐竜Bは心では「これはいけないこと」とわかっています。「こんな、人（恐竜ですが）の道にもとる行為をしたらあかんやん、俺」とは思っているのです。

しかし、本能が強烈なので、突進して相手を倒し、肉に食らいつくわけです。この本能を抑えて我慢する……これがすごい修行だったらしいです。

「あかん、Aは俺の友達やんか」「友達に嚙《か》みついて怪我をさせて、友達の獲物を横取りなんか、したらあかん！」とここまでは考えるのですが、恐竜の体で我慢をすることは非常に難しかった、というわけですね。

ですから、恐竜をどれだけやってもなかなか魂は成長しませんでした。本能に負けてしまうので、慈悲だの慈愛《じあい》だのの高度なところまでいけなかったのです。そのため、それはもう、ものすごい回数を生まれ変わったみたいですが、どうにもうまく進化できないので、人間のほうにシフトしたみたいです。

ちなみに恐竜をやった魂は、現在、人間に転生していないということです。

では、その魂たちは今どこに？　今なにをしているのだろう？　ということは、下山してしばらくたってから疑問に思いました。ですので、そこは質問をしておりません。

「恐竜にも信仰心はあったのでしょうか？」

「なかった」

それは恐竜が下等だからとか、そういうことではなくて、社会が単純だったからだそうです。信仰に救ってもらおうとか、神様に頼るとか、そのような意識がなかったのですね。

本能で生きる動物に信仰が必要ないのと同じです。

「社会が複雑になってきたから、神仏を信仰するようになったのでしょうか？」

「複雑な社会になると〝神の助け〟が必要である」

現代の社会はとても複雑です。人間関係はややこしくて、ＳＮＳというものができてからさらに難しくなり、いじめも深刻ですし、大人の世界でもいじめがあります。

お金の問題もあれこれあって、年老いた親の面倒を見る費用、子どもの教育費や老後の不安など、悩みは尽きません。仕事に関する悩み、心身の健康問題など、それはもうたくさんの人が苦悩しているのです。

現代を心身ともに健《すこ》やかに生きるということは、もしかしたら歴史上で一番難しいのかもしれません。

他にも現代ならではの悩みがいろいろとあって、神仏の助けが必要なのだと、神様は言います。

たとえば金銭問題にしても、お金に苦労しないためには、貯金ができる職に就かせてもらうとか、しっかり働けるよう健康でいさせてもらう、もしも病気だったら治してもらう、意地悪な上司がいる職場だったら心の病《やまい》にかからないように守ってもらう、というこのような神仏のサポートが必要となります。

願掛けは「金運」でも、神様はお給料が上がることだけをサポートしているわけではないのです。

肌色天狗に遭遇

そんな会話をしながら下山をして、ふたたび、彌彦神社の境内に戻りました。

本殿には、裾野《すその》の神様がいます。奈良の大神神社《おおみわじんじゃ》、京都の下鴨《しもがも》神社と同じシステムです。弥彦の神様は時々、この神社に降りてきますが、普段は裾野の神様方に神社を任せています。

裾野の神様とは弥彦の神様の分身のような存在で、小さくて、性質が柔らかく、ほんわか〜と優しいです。人間を慈《いつく》しむ気持ちが強いので、せっせと頑張って人間のお世話をしています。その裾野の神様がたくさんいます。

最後に、弥彦の神様の眷属《けんぞく》に変わった天狗《てんぐ》がいたので、そこもお伝えしておきます。

山頂駅のすぐそばにはレストランと売店があります。私が行った日はたまたまレストランがお休みでした。お土産屋《みやげや》さんの一角に、イートインのコーナーがあったので、そこで山菜そばだったかな？　それを注文して、外のテラスで食べました。つるつると食べていたら、誰かが横から私を覗《のぞ》き込んでいます。「誰？」と、ンモーな気持ちでそちらを向いて、腰を抜かしそうになりました。

なんと、そこには、肌色の顔の天狗がいたのです。不思議なことに鼻もそんなに高くありません。大天狗の半分くらいでしょうか。でも天狗なのです。横に座って私を見ています。そしてこう言いました。

「うまいか？」

「え？　ええ、まぁ……そこそこ、おいしいです」

「ふーん」

そう言うと天狗はバサバサバサバサーッと飛んで行きました。至近距離で飛ばれたので、風がびゅうぅーと渦巻いて、すごかったです。かぶっていた帽子が飛びました。

「今のは……いったい何？　なんやったん？」

と、残された私はしばし呆然《ぼうぜん》としました。あとから神様に聞くと、眷属だそうです。下山して拝殿に行ったら、そこにいました。

「本当に天狗？」と疑いましたが、私の神様アンテナが感じる波動は、間違いなく天狗です。着ているものも天狗の服ですし、本人も神様も天狗だと言います。でも……顔が肌色なのです。鼻も大天狗より断然短いです。姿で言うと天狗には見えません。

天狗って3種類いるのかな？　と思いました。大天狗、カラス天狗、そしてこの肌色天狗です。まだ1体しか会ったことがないので、なんとも言えませんが、見えない世界は奥が深そうです。

彌彦神社には裾野の神様だけでなく、この肌色天狗や他の眷属もいて、参拝者のお世話をしています。神様は通常、山々の上にいますが、拝殿で呼ぶと来てくれますから、神様にお願いしたい場合は呼ぶといいです。

※この神社では昔、不幸な事故があったそうです。神様と裾野の神様方、眷属たちは心を痛め、できる限りのケアをしています。現在の境内は爽やかになっており、優しいご神気に包まれています。

強大なパワーを放つ龍神がいらっしゃる

八《はち》大《だい》龍《りゅう》王《おう》水《すい》神《じん》

宮崎県西臼杵郡高千穂町

参道の木の霊力で禊を

ブログを始めた当初から時々リクエストが来ていた神社です。詳しい情報もいくつか届いていていて、その内容を簡潔に言いますと、龍がいるらしい、その龍のパワーがすごいらしい、というものでした。

しかし、どんなによい噂《うわさ》があっても、行ってみたら違っていたということもよくある話なので、あとでガッカリしないよう期待せずに参拝しました。

駐車場に車を停めて、大きな鳥居をくぐって進むと、真っ先に目に入ってくるのが生き物のような巨大な木です。見ただけで霊木《れいぼく》だとわかります。ご神木《しんぼく》ではありません。霊木の説明が難しいのですが、神様や高級霊が宿っていない、それなのに大きなパワーを持っている……つまり、霊力がある木なのです。

なんの影響で霊力が強くなっているのかというと、龍です。龍のパワーをたくさん浴びていて、ひと目でここに龍がいるとわかる木になっています。龍の波動を蓄えている霊木です。

参道がこの木の下（横）を通るようになっているのは意味があって、木の霊力で禊《みそぎ》をしてもらうためです。ですから、神前にお参りをする前に、木の横で頭を下げ、ゆっくり歩くといいです。

こんなに大きな霊木が育つなんて、ここはすごいな、どんな龍がいるのだろう？と思いつつ、本堂（公式ホームページの名称に従っています）を見たら、そこに龍がいました。

力が強く、存在も大きく、放っているパワーも強力な龍神《りゅうじん》です。じっとこちらを見ています。慌ててご挨拶をしました。

この龍神様のエネルギーが重い理由

本堂はそんなに大きくありません。神社というには小さいかも？と思ってしまうサイズです。しかし、神前にはたくさんのお酒と卵のお供え物があり、多くの人に信仰されていることを物語っていました。

この本堂の裏には「石社」があります。公式ホームページに、

【本堂の裏、本堂脇に張られたロープの向こうにある石社は古来の拝殿です。こちらは撮影禁止ですので実際に足を運んでご覧ください。】

と書かれています。

どのようなものなのか本堂裏にお邪魔してみたら、古くて黒っぽい石の祠《ほこら》がお祀りされていました。とても小さな祠です。「古来の拝殿」と書かれているということは、昔は裏側から龍神を拝んでいたのか、それとも、別の……たとえば、山などをご神体《しんたい》として拝んでいたのかも？　と思いました。

神社がある場所は、山の上ではないし、ちょっとした丘のようです。なぜ、このクラスの大きな龍がここに？　と疑問が湧《わ》きました。龍と土地が合っていないのです。この龍だったら、高い山の上空を泳いでいるのが普通です。

そこで質問をしてみました。

「どうしてこのような低地にいるのでしょうか？」

「…………」

龍神は答えません。愛想がないのは龍としては普通なので、質問を変えてみました。私はここを訪れる直前に「天岩戸神社《あまのいわとじんじゃ》」を参拝しており、その中の東本宮《ひがしほんぐう》の神様にも会っています。そこで、

「東本宮の神様の眷属ですか？」

と聞いてみたのです。すると、

「違う！」

と、強く否定をします。あ、そうか、眷属だったら高い山の神様でなければ格が合わないよなぁ、ということに気づきました。

「では、どこから来られたのでしょうか？」

龍神は、もとは九重連山《くじゅうれんざん》にいた、と言います。言うと同時に、九重連山の景色も見せてくれました。雄大な景色が広がっているところです。ああ、そうだろうな、そこを泳いでいるのが神格からしてピッタリだな、と納得しました。

ただ、私は九重連山の場所を知りません。その場で確認をしたら、由布岳《ゆふだけ》と阿蘇《あそ》山《さん》の中間にある連なった山々でした。その山々にいる山岳系神様の眷属だったそうです。

眷属だった龍がなぜここに？　とそこを質問すると、勧請《かんじょう》をされてここに来た、

と龍神は言います。

しかし、閉じ込められている感じが否《いな》めません。勧請をされて来られたのでしょうが、この場所に来た時に、どこか遠くへ行ってしまわないよう、神社の空間に閉じ込められたようなのです。

龍は大空を自由に泳ぐ高級霊です。九重連山という景色のよい山々の上を、清浄で澄んだ空気の中を、ゆったりと泳ぐのが普通なのに、この龍神はそれができません。神社の上空という狭い範囲は飛べるのかもしれませんが、そのような狭い空間に閉じ込められているわけですから、ストレスがすごいです。

古巣に帰ることができないという複雑な思いもあるようで、そのため、ギューッと凝縮した強いストレスがあるのです。

「龍神様のごりやくってなんでしょう？」

「本人が持っている能力を爆発させる」

ん～～～？　イマイチ意味がわかりません。そこでもっと詳しく聞くと、能力を発揮させるという軽いものではなくて、ドッカーン！　と爆発させる、破裂させる、そして成功に導く、というごりやくだそうです。

持っている能力を思いっきり出せるようにするみたいです。人気などもそうだということで、要はドッカーン！　と運勢を爆発させて、大成功させるわけです。

境内に高見盛《たかみさかり》さんや千代《ちよ》の富士《ふじ》さんの写真が飾られていました。それを見て、なんとなく「ああ、そういうことなんだ」と、わかりました。

この龍神はとても大きいです。神格が高い山岳系神様の眷属でしたから、強いパワーを持っています。性質は厳しめで、おっとりなんかしていません。自分のギューッと凝縮した思いというか、ストレスをパワーに組み込んでいますから、さらに力がすごいことになっているのです。

参拝後はかなり疲れます。浄化してもらうとか、スカッとするとか、クリアにしてもらうとか、そんな龍ではありません。

自分が持っている能力・才能・運勢を爆発させるエネルギーをくれます。そしてそのエネルギーが重たいのです。もらうとちょっと体が重たくなります（感じ方は人によりますから、重たいと思わない人もいるかもしれません）。

どこかでおおいに才能が発揮されたり、もしくは人気者になったり、運勢が急上昇したりすると、このエネルギーを使ったということで軽くなるのかな？　と思いました。爆薬みたいなものでしょうか。持っていなければ爆発しない、というわけです。

優しい古い山の神様とのおしゃべり

さて、話は変わりまして、八大龍王水神から車で15分のところに、「櫛觸神社《くしふるじんじゃ》」があります。ここには山岳系ではないけれど、古い山の神様がいます。古代、このあたりの標高はもっと高かったそうで、ふもとはもっと下だった、と言っていました。この神社の神様がとっても優しいのです。

「天孫降臨《てんそんこうりん》がここだった、ということになっているらしいのですが？」

と、お聞きしたところ、

「光栄だの～」

と言って、笑っていました。他にもいろいろな話をし、神様はよく笑ってくれるので、そのおかげで私もよい波動をたくさん浴びることができました。素敵なひとときを過ごして、そろそろ辞去しようかな、という時でした。

「龍の怒りをつけている」

と言われたのです。

「え？　龍の怒り？　ですか？」

「うむ。重たいだろう？」

「はい、さっきから体が重いなぁと思っていました」

神様によると、八大龍王水神の龍神にもらったエネルギーは、怒りを帯《お》びているそうです。それで少し重たい、と言うのです（怒り、という部分が重たいみたいです）。

しかし、逆に言えば、怒りを帯びているからこそ、爆発させる作用があるとのことです。

怒りはきっと、閉じ込められていることに対してだろうと思います。私にはギューッと凝縮したストレスにしか見えませんでしたが、あれは怒りだったのですね。

「やっぱり重さを感じてしまうので、お返ししたくなりました。でも……返したら、爆発的に運勢が上がることがなくなるのですよね……」

「そのチャンスが来るまで重たいままだぞ」

「う〜〜ん、無駄に肩が凝《こ》りそうですね。じゃあ、いらないです。でも、きつい龍神でしたから、返しに行くと怒るのではないでしょうか？」

「心配はいらぬ。ワシから返しておこう」

「えっ？　本当ですか！」

穂觸の神様と龍神は古くからの知り合いらしく、龍神の怒りを帯びたエネルギーをその場で取ってくれました。神社の境内にいる間は、あれ？　まだ重たいような？　という感覚でしたが、車に乗った時にはすっきりと軽くなっていました。

というわけで、もしも龍神にエネルギーをもらったあとで、なんだか重たい……その重たさが気になって無理～、という人は、槵觸神社の神様に間に立ってもらい、お返ししてもらうといいです。

あ、もちろん、「自分で直接返します」というのもアリです。ただ、私がそれをしていないので、龍神がどのような反応をするのかはわかりません。

龍神のエネルギーは強烈に効きます。わずかな重みさえ我慢すれば（重たいと感じない人もいるでしょうから、ここは人によります）、千代の富士さんや高見盛さんのような大活躍ができたり、爆発的に人気が出たりするわけです。

読売巨人軍Ｖ９を達成した川上哲治《かわかみてつはる》さんや、藤田元司《ふじたもとし》元監督が寄贈した灯籠もありましたし、現在も有名な野球選手やサッカー選手のお参りが絶えないという、スポーツ界では有名な神社です。

「福運」に強い神社仏閣のご紹介
（＊は詳細を書いている書籍名およびブログの日付です）

✿熊野本宮大社《くまのほんぐうたいしゃ》《和歌山県田辺市》

熊野地方で一番力が強い神様です。ご挨拶やお話をするのは「第三殿《だいさんでん》」という見た目が左から2番目（第一殿と第二殿はくっついてひとつの大きな社殿《しゃでん》になっています）の社殿がベストです。

神門の右側スペース（社殿に向かって右です）に立つとコンタクトがしやすいです。

ゆっくり神様とお話がしたいという人は、発心門王子《ほっしんもんおうじ》から古道を歩く、もしくは「大斎原《おおゆのはら》」に行くことをおすすめします。

この神様は奇跡を起こせるほどの力を持っていて、人間の運命も簡単に変えることができます。大きなパワーがあり情にも厚いため、何かと頼りになるありがたい山岳系神様です。

開運、成功に特にごりやくがあります。

＊『神様、福運を招くコツはありますか？』『「山の神様」からこっそりうかがった「幸運」を呼び込むツボ』『運玉』

玉置神社《たまきじんじゃ》《奈良県吉野郡十津川村》

境内の石段や社殿はとても古くて歴史があり、古代から人間のお世話をしてこられた山岳系神様だということがよくわかります。熊野地方で一番優しい神様です。よく笑っていますし、心配してくれたり、励ましてくれたりと、こちらが嬉しくなるような対応をしてくれます。あたたかい神様だなぁ、といつも思います。

悲しみを抱えて行くと、そのつらい感情・悲しい感情・苦しい感情を半分引き取ってくれます。たとえば、失恋したとか、愛する人と別れたとか、死別したとか、どうしようもないつらい悲しい気持ちを、この神様は半分背負ってくれるのです。半分になれば、そこから回復するのも早いです。

開運、成功に特にごりやくがあります。

＊『「山の神様」からこっそりうかがった「幸運」を呼び込むツボ』『運玉』

飛瀧神社《ひろうじんじゃ》《和歌山県東牟婁郡那智勝浦町》

那智《なち》の滝《たき》がご神体と言われていますが、滝が神様なのではなく、神様はその滝の上にいます。山岳系神様です。

参入料を払って、滝つぼ近くにある「お滝拝所舞台」へ行くことが必須と言ってもいいくらいおすすめです。舞台で神様から滝の水しぶきをかけてもらったり、虹を見せてもらったりと、恩恵をたくさんいただけるからです。

ヤタガラスの眷属がたくさんいるのも神社の特徴です（那智大社《なちたいしや》の境内にヤタガラス専用のお社があります）。

熊野本宮大社、玉置神社の神様とここの神様は超古代からのお知り合いで大変仲がよく、ひとつのことを角度を変えて説明してくれたりもします。

開運、成功に特にごりやくがあります。

＊『神様、福運を招くコツはありますか？』『「山の神様」からこっそりうかがった「幸運」を呼び込むツボ』『運玉』

大頭神社《おおがしらじんじゃ》《広島県廿日市市》

山岳系神様の一の眷属である龍が社殿を任されています。

この神社には「妹背《いもせ》の滝《たき》」があって、社殿の右側からまわり込んで奥へ行くと

「雄滝《おんだき》」に行けます（雌滝《めんだき》は少し離れています）。神様の高波動を持った聖水が流れている滝ですから、水をさわらずに帰るのはもったいないです。

私の息子はこの水でアトピー性皮膚炎が治りましたし、従妹《いとこ》は膝の痛みを治してもらっています。

この滝で滝行《たきぎょう》をすると、自分自身がものすごい高波動になります。恥ずかしくて滝行ができないという人は、ペットボトルに水をいただいて、自宅で頭からかぶってもそれなりに効果があります。自宅で軽い滝行ができるのです。

開運、成功に特にごりやくがあります。

*『神社仏閣 パワースポットで神さまとコンタクトしてきました』『運玉〈文庫版〉』「ブログ2016年8月14日」

大神山神社奥宮《おおがみやまじんじゃおくのみや》《鳥取県西伯郡大山町》
大山《だいせん》の山岳系神様と繋がれる神社です。
もうちょっと頑張って5合目付近の「元谷《もとだに》」まで行けば、もっとクリアに神様がわかります（片道30分くらいです）。
そこはスカーッと開けた場所になっていて、なんとも言えず気持ちがいいです。

半円を描くように高い山々が目の前に広がっており、囲むように連なった山々からのエネルギーが、中心にいる自分に集中して流れて来ます。

太陽も空もとても近く、太陽は惜しげもなくエネルギーをふり注いでくれます。浄化とパワー充電と癒やし、すべてを兼ね備えたパワースポットなのです。

大山の神様は壮年という感じで落ち着いていますが、なんでも優しくいろいろと教えてくれます。開運、成功に特にごりやくがあります。

＊「ブログ２０１３年５月５日、２０１３年11月９日」

石鎚神社《いしづちじんじゃ》《愛媛県西条市》

里宮《さとみや》と言える「口之宮本社《くちのみやほんしゃ》」には大天狗とカラス天狗（どちらも中隊長クラスです）が鎮座しています。石鎚山《いしづちやま》にいる山岳系神様の眷属です。ここで人間がお願いしたことやお話をした内容は、すべて神様に報告されています。ですから山まで行けない人はこの神社でお願いをするといいです。

「中宮成就社《ちゅうぐうじょうじゅしゃ》」は石鎚山の７合目にあるお社で、ありがたいことにロープウェイで行くことができます。境内にある「神門」が登山口になっているので、３分でも５分でも山道を歩くと神様と繋がりやすいです。

神様は愛情たっぷりで優しく、「準」山の神とも言える大天狗もとても面倒見がよく親切です。開運、成功に特にごりやくがあります。

＊『「山の神様」からこっそりうかがった「幸運」を呼び込むツボ』

英彦山神宮《ひこさんじんぐう》《福岡県田川郡添田町》

山頂にあるお社が「御本社《ごほんしゃ》」で、登山口にある立派な社殿が「奉幣殿《ほうへいでん》」となっています。山の中腹にある奉幣殿ですが、スロープカーが運行されていて車椅子の人でも参拝することができます。

英彦山の神様の「気」と波動は、ここでもしっかり浴びることができるので、無理をして登山をしなくても大丈夫です。

英彦山は山の至るところで芳香《ほうこう》がしています。天から吹き降ろしてくるエネルギーの風を、無意識に嗅覚で変換すると芳香を感じます。視覚で変換すれば光の風が見え、聴覚で変換すると美しい音楽が聞こえます。

人によって、日によって、場所によって違いますが、自分がどの感覚で変換するのか、試してみるのもいいと思います。

山岳系神様です。開運、成功に特にごりやくがあります。

＊『「山の神様」からこっそりうかがった「幸運」を呼び込むツボ』

大山阿夫利神社《おおやまあふりじんじゃ》《神奈川県伊勢原市》

私の関東での山岳系神様の行きつけは大山阿夫利神社です（関西に住んでいた時は熊野本宮大社・玉置神社・飛瀧神社でした）。ふところが深くて包み込むような優しさを持っている山岳系神様で、人間にたくさんの愛情をそそいでくれます。

眷属には気ままな青い龍がいて、頼めば天気を変えてくれます。

一の眷属は格が高い大天狗です。私が海外に行く時に、２回ほど同行してくれたのがこの大天狗で、あちこちでピンチを救ってくれました。

開運、成功に特にごりやくがあります。

＊『神さまと繋がる神社仏閣めぐり』「ブログ２０１８年10月25日」

大神神社《おおみわじんじゃ》《奈良県桜井市》

古代から信仰を集めている山岳系神様です。悟りに達した穏やかなお年寄り風と言いますか、すべてを超越して無になった仙人のような、そんな雰囲気を持っています。よく笑う神様でもあります。

境内にある「薬井戸《くすりいど》」の水は、体内を浄化する作用があり、悪いところを治すパワーがあります。

境内で売られている「ご神樹」は神様の波動を持った「生きた」植物です。ひとつ買って家に置いておくと、悪いものが近づきません。

神様の分身とも言える小さな神々が社殿にたくさんいるので、その神々のほんわかした「気」をいっぱいに浴びることがおすすめです。

開運、成功に特にごりやくがあります。

*『神社仏閣 パワースポットで神さまとコンタクトしてきました』「ブログ2015年7月13日」

椿大神社《つばきおおかみやしろ》《三重県鈴鹿市》

気さくで朗らか、思いやりのある柔らかい雰囲気の山岳系神様です。一の眷属の龍が神社のすべてを任されており、こちらの龍は凜《りん》と張り詰めたような気高さを持っています。

境内は隅々までパワーのあるよい「気」で満ちています。

「かなえ滝《たき》」は自然の滝ではないのに聖水という驚くべき水で、手をひたすと禊になり、飲むと体内を浄化してくれます。

無理して登山をしなくても、山道を少し歩くだけで神様の濃い波動を受け取ることができるので、季節を選んで歩いてみることをおすすめします。

開運、成功に特にごりやくがあります。

＊『神社仏閣 パワースポットで神さまとコンタクトしてきました』

筑波山神社《つくばさんじんじゃ》《茨城県つくば市》

ふもとに大きな拝殿があり、男体山《なんたいさん》と女体山《にょたいさん》の山頂にそれぞれ本殿があります。どちらもケーブルカーかロープウェイを利用すれば、きつい登山なしに本殿に参拝することができます。

この一帯にいる山岳系神様は1柱《ひとはしら》で、どちらの本殿に行っても神様は同じです。ですから、神様に会うことが目的の場合、どちらか一方に参拝すればオーケーです。

女体山の山頂はパワースポットで、社殿の裏側の岩に座ると神様が寄り添ってくれるという特典があります（自己責任でお願いします）。人間を慈しみ、心から人間を大事に思ってくれている優しい神様です。

ふもとの筑波山神社拝殿で神様を呼ぶと快く来てくれますから、山道を歩けない人は拝殿で神様に会うことができます。

開運、成功に特にごりやくがあります。

＊『神社仏閣は宝の山』

❀出雲大社《いずもおおやしろ》《島根県出雲市》

山岳系神様ではありませんが、巨大な力を持っています。白い大蛇《だいじゃ》（ヘビではありません）のお姿をしており、神在祭《かみありさい》の期間は全国から神々が本当に出雲大社に集まります。

「西側参拝所」の後方が一番パワーをもらいやすい場所です。神様とコンタクトしやすいのもこのあたりから社殿裏側にかけてです。

神在祭の期間に行くと、集まった全国の神々に自分を知ってもらうことができます。その場で願掛けをしても意味がないので、自己紹介だけしておきます。するとその後、あちこちの神社に行った時に目をかけてもらいやすくなるため、願掛けも叶いやすくなります。

神様は太古から、あたたかい愛情で人間を守ってきています。縁結びが有名ですが、開運に特にごりやくがあります。

＊『神社仏閣 パワースポットで神さまとコンタクトしてきました』

✿蓮華王院三十三間堂《れんげおういんさんじゅうさんげんどう》《京都府京都市》

1000体の千手観音《せんじゅかんのん》さんがいるお寺です。

私の祖母は脳卒中の後遺症で手が麻痺《まひ》して動かなくなったため、このお寺の観音さんに手を借りていました。見えない世界で借りた手は、不思議なことに、現実界に作用して、祖母は普通に字を書いたりお料理を作ったりと、自由に手を動かしていました。

ここにいる観音さんは手にさまざまな物を持っています。手を借りると同時にその「物」も一緒に借りることができます。

筆を持った手を借りると字が上手になる、包丁を持った手を借りると料理が上手になる、などです。

私もお借りしていますが、京都に行った時に使わない手は返して、また新たに借りたりしています。借りるものによって、また使い方によって、大きく人生を切りひらくことができます。

開運に特にごりやくがあります。

＊『京都でひっそりスピリチュアル』

第6章

「その他のごりやく」に強い神仏はココ！

パワースポット、修行、癒やし、
種類の違う神様のごりやく、などがあります

清いお願い以外も叶えてくれる

赤《あか》神《がみ》神《じん》社《じゃ》五《ご》社《しゃ》堂《どう》

秋田県男鹿市

300年前に建てられた社殿の神様は……

駐車場に車を停めると、目の前に大きく広がっている美しい景色の日本海が、お出迎えをしてくれます。登山入口と書かれたところから、鬼が積んだという伝説がある９９９段の石段を登ります。登山入口に赤い鳥居《とりい》が立っているのですが、この鳥居がなぜかものすごーく違和感がありました。

参道を進んで行くと、２つ目の赤い鳥居があり、これまた違和感アリアリです。「なんか違うな～」と思いつつ、くぐりました。というのは、神社の「気」ではなく、お寺の「気」のほうが強いのです。赤神神社五社堂という名前ですが、「五社堂のほうはきっと、お寺なんだろうな」と思いました。

参道が驚くほどキラキラと輝いています。森の中を歩くのは気持ちがよかったのですが、石段が古くて整っていないため、若干しんどいです。途中に高野山《こうやさん》にもある「姿見《すがたみ》の井戸《いど》」がありました。

社殿《しゃでん》が5社並んでいるのが徐々に見えてくると感動します。300年前に建てられた社殿は色あせているところに趣《おもむき》があり、5社のバランスも絶妙で、圧倒されるオーラを放っているのです。

社殿は神道《しんとう》形式のようですが、窓の飾り部分などは仏教テイストとなっています。パッとこの5社を見た時に、魂は「お寺だ」と感じます。お寺の中に社殿を作って、神様を祀《まつ》ったのかな、と思いました。

まず見えたのが、5羽のカラスです（見えない世界のお話です）。

黒いカラスが、ひゅんっ！　ひゅんっ！　と鋭く、シャープに飛んでいました。カラスなのに、ビックリするくらい直線的に飛んでいてツバメのようです。クチバシは黒くて長めに尖《とが》っており、体もスリムで尖っている印象です。ぽってりしたカラスじゃなくて、シュッとしています。

それで、超速いスピードで、ひゅんっ、ひゅんっ、と飛ぶわけです。「変わったカラスだなぁ」とじっくり観察しました。3本足ではなかったので、ヤタガラスではありません。

そこで「あれ？」と思いました。ヤタガラスじゃない眷属《けんぞく》のカラスがいるの？と。でも、見ているとどうやら眷属のようです。なんだか変わった神社だなと、神様の気配を感じてみると、驚くことに〝清い神様〟ではありません。

あれ？　牛頭天王《ごずてんのう》みたいな「気」なんだけど？　どういうことなんだろう？　もしかしたら牛頭天王？　と思い、そこで牛頭天王の波動に合わせるようにして神様を感じたら、声が聞こえてきました。

「由緒《ゆいしょ》を見よ」と。

社殿の前に、男鹿《おが》市教育委員会が書いている説明板があります。

【赤神神社の創立はきわめて古く、赤神は漢の武帝の飛来したところと伝えられ、貞観二年（八六〇）、慈覚大師がここに日積寺永禅院を建て、赤神をその山神としたという。建保四年（一二一六）に源実朝は堂社をことごとく比叡山に模して造営したとされている。（以下省略）】

神様は、円仁《えんにん》さん（慈覚大師《じかくだいし》）が祀ったその神は自分であると言うのです。

「はぁ……」

と、お答えしたものの、赤神がどのような神様なのか、初めて聞く名前だし、初めて会った神様なので、さっぱりわかりません。未知の神様なのです。牛頭天王に近いのですが、種類が違います。ただ、本当に異国の雰囲気は漂っていました。そこで質問をしました。

「神様は唐《とう》から来られたのですか？」

「うむ」

「それって……ご自分で来られたのですか？　それとも、円仁さんが呼んだから来られたのでしょうか？」

神様によると、円仁さんは唐に留学をしていたので、唐の神仏にもとても詳しかったそうです。唐の神様の、勧請《かんじょう》の仕方なども知っていたそうです。ですから、正しく唐の神仏を勧請できたと言います。

その円仁さんに「正式に請《こ》われたので来た」とのことでした。

ほ〜、さすが円仁さんだなぁ、と思いましたが、ここでまた新たな疑問が湧《わ》きました。どうしてわざわざ唐から神様を勧請する必要があったのか、です。

神様にお聞きすると、この神社には古くから「異国の神がいる」という伝説があったそうです。地元の人々は純粋にそれを信じており、その話を聞いた円仁さんが

「面白い」と思ったらしく、それで本当に唐から神様を呼んだ、そして祀った、ということでした。

「へぇ〜！　面白いですね！」

と、ユニークな由緒に驚きました。

この神様は牛頭天王とよく似ている波動なので、

「もしかしたら……『魔《ま》』のほうの力も使えるのですか？」

と、お聞きしたところ、

「使える」

というお返事でした。

「へぇぇぇー！　そうなんですね！」

なんと！　牛頭天王と同じような神様が他にもいたのです！

お名前をお聞きすると、「赤神」ではないとハッキリ否定はしていましたが、でも長くこの地でそう呼ばれてきたので、もうこのままでよい、と言っていました。名前にはこだわりがないみたいです。

「ごりやくについて教えて下さい。願掛けをする時に何か気をつけることがありますか？」

「人のことを願われるのが好きではない」

珍しい神様です。つまり、自分自身のことをお願いする分にはガンガンしていいのですが、人の幸せや世界の平和をお願いするとか、人のために平癒《へいゆ》祈願することに関しては、神様が好きではないと言っているので叶《かな》う率は低い、ということです。

赤神（呼び捨てのように聞こえるかもしれませんが、牛頭天王に様をつけていないので、赤神のほうだけ様をつけて赤神様と言うのもどうなのか……と思うため、様はつけずに書かせてもらうことにします）が言うには、

「赤は中国ではとても縁起のよい色だから、〝赤神〟であるワシは縁起のよい神であるぞ」

とのことです。ワッハッハッ！ と、楽しそうに笑っていました。

いやいや、神様、さっき本当のお名前は違う、でももう赤神でええわ〜、って面倒くさそうにおっしゃってたじゃないですか〜、とツッコミを入れそうになりましたが我慢しました。

赤神はそんな私を見て、さらにワッハッハッと大笑いしていました。ものすごーく陽気な神様なのです。

私が受けた印象で言うと、出世とかの「栄える」方向でごりやくがあります。牛頭天王と似た神様ですから、力はすごく強いです。「魔」の力も使えると言っていましたから、清いタイプのお願いじゃなくても聞いてくれます。

参道を守る、中国から来た僧侶

ここでちょっと時間を戻して、登山入口の鳥居をくぐったところからのお話をします。

参道を歩き始めると、見えない世界の僧侶が1人出てきました。着ている服が墨《すみ》染《ぞ》めで、パッと見、お坊さんの法衣《ほうえ》かなと思ったのですが、袖《そで》が異様に長いです。振袖くらいの長さがあります。裾《すそ》も長くて、若干てろ〜んとしています。法衣にしては変だし、不思議な服を着ているな〜、と思いました。その僧侶は、私の横をしゃなりしゃなりと品よく歩きます。そして、

「ようお越し下さいました」

などと言うのです。そなたはナンタラカンタラで、と話しかけてくるのですが、言葉遣いも立ち居振る舞いもビックリするほど上品です。

「あの〜、お話の途中ですみません。お坊さんはすごーく高貴なお生まれですよ

ね？」

「ホホホホホ、そのようなことはありませぬ」

僧侶は謙遜《けんそん》をしていましたが、絶対に高貴な出自です。やんごとなき人のご落胤《らくいん》、という感じがしました。この時点では、赤神が唐から来ているということをまだ知りませんから、この僧侶も日本人だと思っていました。

僧侶に名前を聞くと、「徐福《じょふく》」と言います。それはもうハッキリと。

え？　それって、完全に中国の名前だよなぁ、聞き間違えたかな？　と思った私はもう1回聞きました。

「しょうふく？　じょうふく？」

「じょ・ふ・く」

と重ねてハッキリ本人が言います。

ふ〜ん、中国っぽい名前をつけられたのかな？　ん〜、でも、ありえないけどなぁ、きっと私の聞き間違いだろうな、そうだ、そうに違いない、とその時は思いました。そんな私の様子を見て、その僧侶はもう1回、「じょ・ふ・く」と念押しをしていました。

「仏様には……まだ、なっていないのですね？」

「まだ、なってはいない」

と、本人も言っていましたが、霊格は結構高い位置までいっています。

「修行はされたのですか？（厳しい〝行〟のほうの意味です）」

「ん〜〜〜〜〜〜〜〜〜〜〜」

「では、仏様のところにお願いに来た人の、願掛けのお手伝いをするとか、そちら方面での修行をされているのですか？」

「その方法もあるが、ここではその修行は少ない」

なんだかよくわからない答えでしたが、どうやら自分で独自の修行をしているようです。修験者《しゅげんじゃ》みたいな感じでしょうか。お寺があとから神社になったので、もしかしたらそのあたりに関係があるのかもしれません。


赤神に眷属について聞いた時、中国からカラスを連れて来た、と言っていました。ああ、なるほど、だから3本足ではなく、ツバメみたいにひゅんひゅん飛んでいるカラスなのか、と納得しました。ヤタガラスとは違うカラスだったのです。

そして赤神が、ついでに、みたいに言ったのが次の言葉です。

「徐福も連れて来た」

神様と話をしている時は、もう完全に徐福さんのことは忘れていて頭になかったので、

「ええーっ！　じゃあ、本当に唐の人だったんだ！」

と驚きました。さらに赤神はこう付け加えます。

「連れて来たというよりも……あいつが勝手について来た」

そう言って、赤神は爆笑していました。

徐福さんは生前、赤神のことをとても深く信仰していたそうです。信仰が深すぎて、「神様、好き好き、大好き！」「死んでも神様のそばにいたい！」ということで、そばにずっといるのだと言います。日本に来ることになった赤神にくっついて徐福さんも日本に来たとのことです。

赤神の口調には、可愛いやつなんだよ、という思いがこもっていて、赤神のほうも徐福さんを好きなようでした。何かと面倒を見てあげているようで、徐福さんは赤神に愛されてるのだな〜、となんだかほっこりしました。

徐福さんは参道を任されています。ですから、参拝者が来るとそばに行って面倒を見ているようです。柔らかい性格の品のよい人です。

五社堂のエリアは絶えず芳香《ほうこう》が漂っていました。いい香り〜、香りに癒《い》やされる

〜、という感じです。お線香とかそちら系の匂いではなくて、上品な香水の香りでした。もしかしたら徐福さんの好みなのかもしれません。

神仏とコンタクトするには霊的エネルギーがいる

この神社のことを本に書くために、改めて赤神神社について調べていて、腰を抜かすほど驚きました！

なんと！　男鹿市には「徐福伝説」というものがあったのです！　しかもですね、赤神神社には徐福塚《じょふくづか》があるというのです。

「ひ〜え〜！　それって本当？　偶然にしては出来すぎてない？」

と思いつつ、あれ？　徐福塚？　そんなものあったっけ？　と詳しく調べると、入口にある鳥居から少し離れた横っちょの方向にありました。こじんまりした石なので、私は思いっきりスルーして鳥居をくぐっていたのでした。

その徐福塚によりますと……。

【司馬遷によって書き表わされた中国で最も古い歴史書『史記』に、秦の始皇帝の命を受けた男が、童男童女数千人を乗せた船で海を渡り、不老不死の薬を探しに東方に向けて旅立った、とあります。

今からおよそ二千二百年前のことですが、その向った先が日本であり、その命を受けた男が「徐福《じょふく》」だったと言われています。徐福は神薬（薬草）を求めてさまざまな所を旅したためか、日本各地に徐福伝説が残されていますが、そのうちの一つが男鹿でした。（以下省略、原文ママ）】

こういう時、下調べをせずに行ってよかった～、としみじみ思います。先に徐福伝説を知っていたら、出てきた人物を先入観で見てしまいます。伝説の徐福さんとして見ようとする意識が働くからです。真実が若干ぼやけてしまうのです。

しかも、出てきた徐福さんは名前が同じですから、伝説の徐福さんかどうか、ということをあれこれ質問を重ねて検証しなければなりません。

神仏とコンタクトをするのは三次元にいる人間と話すように、いくらでもおしゃべりできるわけではありません。霊的エネルギーを使いますから、話せる時間、できる質問には限りがあるのです（詳しい説明は『神社仏閣 パワースポットで神さまとコンタクトしてきました』という本に書いています）。

しかし、何も知らずに白紙状態で行けば、その神仏の真のお姿を〝最初から〟見ることができます。

神域にいた徐福さんは名前は同じですが、伝説の徐福さんではありませんでした。きっとはるか昔に、この徐福さんと会話をした人が、「徐福と名乗っている人物がいる」と周囲に伝え、それが伝説と結びついたのでは？　というのが私の推測です。

必死の願いをすぐに叶えてくれた赤神

腰を抜かしそうになったことはもうひとつあって、こちらのほうがすごいかもしれません。

赤神神社から帰って、すぐのことでした。知人のAさんが「夫がどうも怪しい」と悩んでいました。会社の女の人と急接近しているとのことで、このままだと不倫に発展しそうだと言うのです。今はまだ不倫関係にはなっていないと思う、と言いつつも、Aさんは憔悴《しょうすい》しきっていました。

すごく悩んでいる様子だったので、「そう言えば、秋田にそういう問題に強い神社があるって聞いたよ～」と、さりげなく五社堂をすすめました。Aさんの実家が秋田だったからです。

スピリチュアルには興味がないAさんでしたが、それから少しして実家を訪れる時に五社堂を参拝してみたそうです。

うろ覚えなので正確ではないかもしれませんが、Aさんが五社堂で引いたおみくじの運勢のところには「女難につき、気をつけるべし」と書かれていて、争いという項目のところには「女相手ならば負け」と書かれていたそうです。

これはやばい！　夫の不倫を暗示されている！　しかも自分が負ける！　と思ったAさんは必死でお願いをしたと言っていました。

さて、皆様、ここからが腰を抜かして驚くところです。Aさんが赤神にお願いをした〝翌日〟に、なんと！　Aさんの夫が仲良くしていた女性に、別の支店への異動辞令が出たそうです。参拝した翌日に、です。

普通なら、辞令が出る前に内示があるそうですが、本当に急きょ決まったらしく、女性は1週間程度でバタバタと転勤していったそうです。

その話を聞いて「そんな奇跡があるんだ。へぇ～」と驚きつつも、あの赤神なら簡単にできるだろうな、とも思いました。スピリチュアルに興味がないAさんでも、「あの神社はすごい！」と絶賛していました。

このような清らかではないお願いも、自分が「栄える」ほうのお願い（出世、商売繁盛など）も叶えてくれます。公共交通機関でのアクセスが容易ではありませんが、その分、参拝者が少なく、赤神にも徐福さんにも歓迎してもらえる神社です。

大自然に抱かれたお寺の形をした教会

カトリック修《しゅう》道《どう》院《いん》 聖《せい》体《たい》奉《ほう》仕《し》会《かい》

秋田県秋田市

涙を流すマリア像がいらっしゃる

こちらの教会は、涙を流す聖母マリア像が有名です。

見た目はごく普通の木像のマリア像なのですが、その目から本物の涙を流したと言われています。不思議な現象は1回とか2回とかの、わずかな回数ではなく、１９７５年1月から１９８１年9月までで、１０１回も続いたそうです。

すごいな、一度そのマリア像にお会いしたいな、と若い頃から思っていました。今回やっと、念願叶ってお目にかかることができました。

聖体奉仕会は緑豊かな山のふもとにあります。教会は街の中にあるもの、という印象だったので、大自然の中にポツンとあることが驚きでした。私は裏道から行ったので、車1台がギリギリという細い道を運転しましたが、表側のほうは普通の道路でした。

駐車場も広く、周囲ののんびりした景色が肩の力を抜いてくれます。駐車場から聖堂のほうへ歩いていると、シスターと、信者の方でしょうか、女性が一緒に歩いて来て私とすれ違いました。

その時にシスターのほうから私にご挨拶をしてくれました。私がご挨拶を返すと、

「どこから来られたのですか？」

と尋ねてくれます。

「東京です」

「まぁ！　遠いところから〜」

とシスターは微笑《ほほえ》み、

「ありがとうございます」

と、とても優しい笑顔で言ってくれました。参拝に行って（キリスト教なのでこの言葉はちょっと違いますが）、お礼を言われたのは初めてかもしれません。すごく

嬉しかったです。

聖堂は「お寺？」という建物になっています。純日本風なのです。教会の公式サイトによると、

【聖体奉仕会聖堂は浦野堂宮工芸（群馬県高崎市）の宮大工によって建てられた入母屋重層造りの純日本風建築です。「カトリックが日本の精神風土に根づきますように」との願いを込めて、日本の伝統的な社寺建築が用いられました。】

とのことです。

お寺のような建物ですが、正面はガラス張りになっていて、見上げると主棟鬼飾《しゅむねおにかざ》りの部分が十字架になっていました。ガラスの引き戸を開けると、中はエントランスでテーブルがひとつと椅子が何脚かあり、自販機もありました。その向こうにはこれまた日本風の扉があります。

ここで皆様にお知らせをしておきます。聖堂の外観は写真に撮っても大丈夫ですが、ガラス戸を一歩入ったエントランス部分から撮影禁止です。入口には何も書かれていませんので、失礼をしないよう知っておかれたほうがいいと思います。

聖堂の中は素晴らしかったです。本当にお寺のような造りで、ふすまや障子で囲まれた大広間になっていました。

床は明るいフローリングで、天井《てんじょう》はお堂や神社などでよく見る格《ごう》天井でした。正面の壁は一面に板が張られていて、そこに十字架にかけられたキリストの像がありました。

さて、肝心のマリア像ですが、最初に見た時の印象は「多くの人に撫《な》でられてきたのだろうな」でした。今はさわることができませんが、昔は許されていたのだと思います。広げている手のひらとか、マリアさんが乗っている玉とか、ほっぺの下あたりが黒ずんでいました。

マリアさんのお顔は……ああ、もう、失礼で本当に申し訳ないのですが、正直に言うと、男の人みたいなお顔だな、と思いました。あれ？　キリスト？　と最初に見た時に思ったくらいです。

私はこの聖体奉仕会に行く前に、フランスの「ルルドの泉」に行きました。そこにあった大聖堂はキリスト信仰というよりはマリアさん信仰で、実際にその教会にマリアさんは降りて来ていました。そのマリアさんとここのマリア像は波動が違うのです（個人的見解です）。

「涙を流したのはこのマリア像なのね」とじっくり見つつも、一瞬、「本当かな？」と思ってしまいました（私はなんでも丸ごと信じるタイプではないので、あちこちの神社仏閣でも神仏に対し必要以上に確認をしています)。

慈愛に満ちた聖人が見えた

その瞬間でした。このマリア像と道が繋《つな》がっている存在がくっきりと見えたのです。マリア像を通じてこの教会に来ているのは、私の言葉で言えば「高級霊」でした。

日本の神道で言えば「神様修行をして神様になった人」であり、仏教で言えば「仏様修行を積んで仏様になった人」です。キリスト教で言えば「聖人」でしょうか。

神父さんの服を着た、男性の聖人です。この聖人が、ものすごーーーく心の優しいお方なのです。慈愛《じあい》に満ち満ちた聖人ですから、人々のために、人々を思うがゆえに涙を流します。

この聖人が見えた時に、「マリア像が涙を流したというのは事実だ」と確信しました。

なぜ101回で涙が止まったのか、どうして今は涙を流さないのか……そこを聞くにはもう少し時間が必要でしたが、係の方がチラチラとこちらを見ていたので、

それ以上は遠慮することにしました。

キリスト像の前にも長くいたので、かなり時間がたっていたからです。長い時間、一人でウロウロしていると「いったい何をしているのかしら？」と気になるのは当然です。

聖体奉仕会は拝観料など取らず、善意でマリア像に会わせてくれます。ですので、訪問した時は、感謝の気持ちとして、帰る際に寄付をするといいと思います（寄付をする箱があります）。

この教会の横にある「小羊の苑」が超おすすめです。草原の中に1本、小道を作りました、という感じなのですが、私が行った時は、黄色い花がたくさん咲いていました。

可愛らしい木が草原のところどころに立っており、どこかで見たような気がする……という心安らぐ風景、草原なのです。人間が生物として欲する自然界の恩恵をたっぷりともらえます。

道を歩きながら、よく見ると、森の妖精や花の妖精がいました。キラキラとした小さな存在です。さらにアゲハ蝶がず～っと私のまわりを飛びながらついて来ていました。私が止まると蝶も止まり、歩くとまたひらひらとついて来るのです。

この小道も聖域なのだなということを思いました。体が自然の一部になるくらい、溶け込むことができます。

この教会でもらえるものは、ズバリ「癒やし」です。聖堂ではキリストが降りて来られますから、キリストに愛をいっぱいもらえます。孤独に悩む人、失恋直後などで心が傷ついている人、イジメなどの傷が深くてなかなか癒えない人は、キリストに愛をもらえばほんわかと満たされます。

マリア像は優しい聖人に道が繋がっているので、こちらの像にお話をしてもいいと思います。キリスト教では絶対神にお願いをするのだけれど、そのお願いは聖人に取り次いでもらうそうです。

ですから、マリア像にお話をすると、聖人が悩みを取り次いでくれて、解決してくれるかもしれません。

聖人もキリストも、クリスチャンでなければ願いは聞かない、救わない、という心の狭いことは言いません。宗教を超えて人々を救おうとされていますから、遠慮はいらないです。

そして最後に小羊の苑の道を歩き、澄んだ空気を胸いっぱいに吸って、大自然や妖精に癒やしの仕上げをしてもらうと完璧《かんぺき》です。

正真正銘、強力なパワースポット

垂《たる》水《みず》遺《い》跡《せき》

山形県山形市

円仁さんが出て来られた

この遺跡は立石寺《りっしゃくじ》の駐車場を確認している時に、マップ上で見つけました。文字が目に飛び込んできた時に、「うわぁ、磁力が引っ張る〜」とは思いましたが、「遺跡」です。きっと、土器とか勾玉《まがたま》とか古代のものが発掘された場所なのだろう、と考えると興味は引かれませんでした。

立石寺の参拝を終え、次の目的地に行こうとした時に突然、垂水遺跡という文字が浮かんできて、強く心に引っかかります。遺跡を見ても仕方ないしな〜、とは思うのですが、この4文字ががっちり心に居座って動かないのです。

もしかしたら何かあるのかもしれない、とその場で検索をしてみたら、円仁（慈覚大師）さんが修行をした場所らしいと書かれています。

その直前に参拝をした立石寺は円仁さんが開基のお寺です。素晴らしいお寺でした。円仁さんの偉大さを知ったばかりだった私は、「これは！　行かなければ！」と思いました。

立石寺から車で5分ほど走ると、線路脇にある駐車場に到着します。そこにマップの看板があって、「垂水霊境」と示された岩山のところに「垂水観音」「垂水不動尊」「円仁宿跡」と書かれています。

単線の線路を渡り、千手院《せんじゅいん》の脇道から墓地の横を通って、山の中へと入りました。

整備がされていない昔ながらの細い山道を歩きつつ、「円仁さんが修行をしたというのは後付けかもしれないな」ということも思いました。

私はそれまで円仁さんに会ったことがありませんでした。あちこちのお寺で円仁さんの像を見たことはありますが、ご本人に会ったことはないのです。

「今回も会えないかも？」と、なかばあきらめの心境で円仁さんを呼んでみました。すると、驚くことにスッと出て来られたのです！　えっ！　お寺の境内《けいだい》じゃない、こんなところで会えるなんてアリ？　と意外な展開に自分でも驚きました。

当然ですが、円仁さんは仏様になっておられます。仏様である円仁さんが出て来られたということは、この土地は円仁さんゆかりの場所である、ということです。修行をしたというのは本当みたいです。

出て来た円仁さんは色白の男性でした。生まれつき肌が美しい、もち肌だったようです。諸国を歩きまわっていた頃は日焼けをしていて浅黒かったかもしれませんが、もとは美肌の人のようです。それがパッと目に入ります。

色が白いので、眉とキラキラした目の黒さが際立ち、「おぉ〜」とため息が出るほどハンサムなお顔をしています。身長は175センチ近くあって、昔にしては大きかったのではないかと思います。体格がいいので、色白ですがひ弱な感じではありません。

そして、とても控えめな性格をしています。本当に、ものすごーーーーーーーーーーく謙虚なのです。

とりあえずご挨拶と、出て来てもらえたお礼を述べ、さっそくお話をしました。

「私は円仁さんが作ったと言われるお寺や、円仁さんの仏像があるお寺にあちこち行っています。でも、円仁さんは1回も出て来られませんでした」

円仁さんは、柔和《にゅうわ》なお顔でにっこり！　と微笑みます。

元三大師《がんざんだいし》（良源《りょうげん》さんと書かないのは、最初から元三大師とお呼びしているからです）や長宴《ちょうえん》さん（最澄《さいちょう》さんが見えない世界で私につけてくれたお坊さんです）もそうですが、天台宗《てんだいしゅう》の代々のお坊さんは、どなたも大変謙虚です。決して最澄さんより前に出ません。

師匠は永遠に師匠という謙虚さ

円仁さんも元三大師も当時から素晴らしい高僧であり、現在は力のある立派な仏様になっています。もっと自分色を出してもいいのでは？　どーんと仏様としての存在をアピールしてもいいのでは？　と思ってしまいますが、謙虚で控えめなのです。

ずっと疑問に思っていたそこを聞くと、天台宗だからといって、別にそのような決まりがあるわけではない、と言います。

その時に交わした会話を要約しますと、どうやら師匠（言葉が適切ではありませんが、わかりやすくするために使用しています）を敬《うやま》う気持ちが強いから、のようでした。武士で言えば、忠誠心、でしょうか。師匠に比べたら自分なんかまだまだである、という考えのようです。

しかし、円仁さんも最澄さんに負けないくらいの高僧です。唐にも行ったし、たくさんのお寺を創建し、全国を歩いて布教活動もしています。もっと前に出て、仏様として崇敬を集めてもいいのでは？　と思いました。

円仁さんが言うには、師匠（私の言い方に合わせてくれています）と同じくらい活躍したとか、師匠を超えたとか超えないとか、そのような問題ではないとのことです。

たとえば、自分が唐に行って、師匠が唐に行っていなかったら、師匠を超えたことになるのか？　答えはノーだと言います。自分が50の寺院を建て、師匠が5つしか建てていなかったら、師匠を超えたのか？　これも答えはノーです。

舞《まい》やお華の師匠がいて、その人に一から教えてもらったとします。その後、何年かたって自分が何かすごい賞をもらった、けれど師匠はその賞をもらっていない、そうなったらその人は師匠を超えたことになって、師匠より上の立場になるのか？　師匠より前に出てもいいのか？

「違うだろう？」

と、円仁さんは言うわけです。

自分がどんなにすごい賞を取ったとしても、いくつもの栄《は》えある賞をもらったとしても、教えてくれた師匠は師匠である、〝導いてくれた人である〟と円仁さんは続けます。

超えるとか超えないとかではなく、そこには絶対的な尊敬の気持ちがあるそうです。その心は功績に左右されるものではない、と言っていました。

円仁さんはものすごく誠実な、清廉《せいれん》なお人柄で、心の美しい人だったのだな、と思いました。高僧であることは有名ですが、本当に偉かったのだと知りました。

強い心にしてくれるお不動さんのごりやく

遺跡には上下幅が狭い洞穴があって、「円仁宿跡」と表示されています。

「こんなところで寝泊まりしていたのですか？」

「いや、それは……違う」

この宿跡のもっと右のほうにも昔は滝があって、その滝からもダバダバと水が流れていたそうです。ですから、洞穴のところはその水が流れていて、水辺だったということです。

垂水遺跡にいるお不動《ふどう》さんは、昔、滝だった場所にいます（今は水が流れていません)。このお不動さんもものすごーーーく強いです。ビックリするくらいです。滝の上部に安置されている石像は、腰から上だけのように見えましたが、道は今も繋がったままですし、力の強さも当時と変わっていません。

この滝は、昔は激しい水流だったそうで、山奥だし、冬は極寒の世界だし、心の弱い人はここでの修行は続かなかったそうです。「もうやめたい」「逃げようかな」という弱い部分を持っていた人がお不動さんにすがり、お不動さんは願いを聞いて、剣でバッサリと弱い心を切っていたのです。ここで修行をする人を立派な僧侶にするために、強い心になるようにサポートをしていたようです。

ですから、今でも得意なごりやくは、「その人の中に巣くう弱い部分を切る」です。

気が弱いところを変えたいという人にもありがたいお不動さんですし、仕事で……たとえば、営業の仕事をしていたとして、強気でいきたい、バリバリやりたい、そのような願いを持った人には、頼りがいのあるお不動さんです。

「魔」がついていたら祓《はら》って下さい、とお願いしたところ、背後からズバズバと祓ってくれたので、もちろんそのような祓う系のお願いも聞いてもらえます。

「ここは素晴らしい場所ですね！」

お不動さんにそう言うと、
「この場所は修行場として格が高い」
とのことでした。

円仁さんのアドバイスですごいエネルギーをもらう

円仁さんが次に案内してくれたのが、切り立った岩の中腹にあるお稲荷さんです。千手院の脇道から登ってくると、遺跡で最初に目に入るのが、このお稲荷さんの鳥居です。鳥居といっても、地面に立っているのではなく、岩の上に立てられています。見ただけで、神々《こうごう》しい、と魂が思う景色となっています。

下から手を合わせようとしたら、円仁さんが「登って挨拶をしたほうがいい」と言うので、岩をよじ登りました。鳥居をくぐり、うっかりしたら転げ落ちてしまう岩肌を這《は》いつくばって（高さがあります）、恐怖でヒーヒー言いながら、お稲荷さんのお社《やしろ》の前まで行きました。

お社は古くてボロボロ、今にも壊れそうでした。というか、壊れかけていました。お稲荷さんに聞くと、老朽化は別になんとも思わない、と涼しい顔をされています。

このお稲荷さんは山岳系お稲荷さんで神格が高く、里にいるお稲荷さんとはレベルが違います。壊れかけたお社の中にいるのではなく、お社の上の岩にいました（お社は大きくくぼんだ部分に設置されているのです）。

ここは太古の時代、雨が降るとすごかったらしいです。大量の水が勢いよく、円を描いて流れ落ちていたそうです。たしかに岩がそのように大きく削られていました。激しい水のパワーに遠心力が加わり、それはもう、強力なエネルギーを発していた場所だったそうです。

驚いたのは、そのエネルギーは今でも岩に記憶されている、ということです。この場所の岩は大昔のエネルギーを貯金しているというか、今も持ったままなのです。

そのため、円仁さんは、岩の上に登って参拝したほうがいいとアドバイスしてくれたのでした。岩の上に体を載せることによって、エネルギーをもらえるからです。這いつくばって進む時に手もつきますから、エネルギーが体に馴染《なじ》みます。

案内板にも説明板にもお稲荷さんの名前は書かれていませんし、お社にある「正一位　稲荷大明神」の古いおふだにも名前がありません。

「お稲荷さんにはお名前がないのでしょうか？」

「名などいらぬ」

凛《りん》とした「気」を放つ神様です。さらに蓄えられた岩の古代エネルギーを使うことができますから、力はとっっっても強いです。もちろん、1回きりの参拝でも問題ありませんし、願掛けは何をお願いしてもオーケーです。

お稲荷さんの場所から少し左に行くと、「古峰神社」と刻まれた石が、高い位置にあるほら穴に祀られていましたが、こちらには神様はいませんでした。

この垂水霊境は山岳系神様がいる山ではないのに、高波動で透明な聖地感があります。下山しながら、ふたたび円仁さんと会話を交わしました。

「立石寺の奥の院は聖地感がすごい！　と思いました。ここもそうですが、このあたりの土地がいいのでしょうか？」

そう聞くと、円仁さんは嬉しそうに微笑んで、

「だからこの地に寺を建てた」

と言います。

「この場所を見つけたことがすごいです」

円仁さんが言うには、諸国をまわっていると、地元の人が親切にあれこれ教えてくれるそうです。このような神秘的な場所があるんですよ〜、と。

千手院から垂水霊境まで15分くらいだったように記憶しています。そんなに遠くありません。

下山中は、ふわ〜っとした、円仁さんという仏様独特の「気」に包まれて、さくさく〝歩いているのに〟すごく眠たくなりました。歩きながら眠ってしまいそうになるのです。円仁さんがくれる、包み込むような高波動はとてもありがたいものでした。

この土地を離れても、しばらくの間、心はほわんとしたまろやかなままでした。体のほうも高波動でほかほかしており、ストレスや緊張が完全に消えて、楽なリラックスした自分になっていました。

さらに嬉しいことに、垂水霊境まで往復しただけで……あ、お稲荷さんのところの岩にも登りましたが、それだけで、結構高度な修行になっていました。お不動さんが、修行場としての格が高いと言っていたので、そのおかげなのでしょう。

垂水遺跡は正真正銘、強力なパワースポットでした。

「その他のごりやく」に強い神社仏閣のご紹介
（＊は詳細を書いている書籍名およびブログの日付です）

若一神社《にゃくいちじんじゃ》《京都府京都市》

神社本殿《ほんでん》には熊野から来た大きなヤタガラスが神様として鎮座しており、境内社《けいだいしゃ》のお稲荷さんも「気」が柔らかくてほのぼの系です。

しかし、パワースポットはこの神社の境内ではなく、歩道を挟んだ神社の向かいにある、ちょっと小高い位置に植えられている楠《くす》の一帯です。

もちろん楠はご神木《しんぼく》なのですが、ここは座敷わらしワールドのパワースポットとなっています。袖も裾もつんつるてんになった、古い時代の粗末な服を着た男の子と女の子が楽しそうに木に登って遊んでいます。

座敷わらしとはどのような存在かと言いますと、家に来て居着いてくれれば家が栄えるという、それはもうありがたいごりやくを与えてくれる精霊《せいれい》です。どこか1軒だけの家に居着き、飽きたら元の場所に帰るパターンと、自分が好きな家をいくつか見つけて、そこをランダムに巡回するパターンとがあります。

我が家は後者で、時々女の子の座敷わらしが遊びに来ます。うちに来た時は他の神社で購入した木彫りの恵比寿《えびす》さんに宿っています。

若一神社のこの楠エリアに行ったら、座敷わらしがいつ遊びに来てもいいように、宿る場所は作っておいたほうがいいです。縁起物を飾るか、絵馬《えま》やお守りなどを部屋に吊《つる》しておくのがおすすめです。

＊『京都でひっそりスピリチュアル〈文庫版〉』

恐山菩提寺《おそれざんぼだいじ》《青森県むつ市》

境内にある美しい色の宇曽利山湖《うそりやまこ》があの世と繋がっています。たぶん、そのような場所は日本でここだけではないかと思います。

ですから、この湖の水辺で、亡くなった人を呼べば、必ずそばに来てくれます。お墓や仏壇よりももっと濃く、手触りのある感じで故人に会える場所なのです。

湖の上には早朝から、当日恐山に来る予定の人のご先祖様たちが嬉しそうに笑顔でワクワクと待っていました。それくらい亡くなった方やご先祖様にとっては、来てくれることがありがたく、喜ばしいもののようです。

近代的な宿坊《しゅくぼう》があるので夏は泊まることができます。境内にはパワーある温泉もあります。

亡くなった人を癒やす聖域ですが、生きた人間も、亡くなった人やご先祖様を〝魂〟が身近に感じるため、癒やされる聖域となっています。

＊『神様が教えてくれた金運のはなし』

三原神社《みはらじんじゃ》《東京都大島町》

伊豆《いず》諸島の大島《おおしま》にある神社です。大島へは東京からジェット船で2時間弱で行けます。

神社には、見た目がちょっと怖い、迫力ある黒龍が神様としています。大きいので威圧感もあります。

昭和61（1986）年の三原山の大噴火の時に、溶岩がこの神社の背後まで迫っていました。しかし、なぜか社殿の真後ろでピタッと止まり、そこからいきなり方向を変えて、社殿を避けるようにして側面から前方へと流れています。

実際に行ってこの目で見ると、その不思議さに目を見張ります。

黒龍は願掛けをしても叶えてくれる可能性は低いのですが、地球内部の強いエネルギーをもらえる場所なので、低迷した運のリズムを変えたい人におすすめのパワースポットです。

＊『「山の神様」からこっそりうかがった「幸運」を呼び込むツボ』

立石神社《たていわじんじゃ》《島根県出雲市》

第4章で書いた一畑薬師《いちばたやくし》から車で15分のところにあります。

ここは強烈なエネルギーが渦を巻いているパワースポットです。土地自体に力があるため、木々ががっちり岩をつかんでいたり、背の高い竹にくるくると螺旋《らせん》状に巻きついたツルがはるか上まで伸びていたりします。変な形の木も多いです。

天に向かってそびえ立つ巨石が2つあって、そこに御幣《ごへい》が3本立てられており、その手前には簡素なしめ縄が張られています。昔は聖域だったらしく、その神聖さが今も「気」として残っているので、もしかしたら古代はそこそこ大きい神殿があったのかもしれません。

神様を呼ぶと、どこかからしゅっと来られます。しかし、神様が来るからといってここで願掛けをするのは違います。ひたすらパワーとエネルギーをチャージさせてもらう、そのような場所なのです。

昔の濃い聖域だった名残《なごり》とパワースポットの力がミックスされて、その影響により第六感とか予感とかの霊能力が若干アップします。強いパワーとエネルギーは見えない世界で風となって2つの巨石の間から絶えず吹き下ろしています。その風に体をさらすのが恩恵をもらうコツです。

中間点の手前に立って、体の前面に風を存分に浴び、それからくるりと背を向けて背中にも風を浴びるようにします。最後に巨石にさわって、石が持つ磁力の高いパワーを体に馴染ませて帰るといいです。

高野山《こうやさん》《和歌山県伊都郡高野町》

空海《くうかい》さんが開いたお山です。金剛峯寺《こんごうぶじ》を中心とした高野町は空海さんが張った結界《けっかい》の中にあります。つまり高野山と呼ばれる地域は、空海さんの波動が及ぶ境内なのです。

空海さんが今も瞑想《めいそう》しているとされる御廟《ごびょう》は聖地中の聖地となっており、奥之院《おくのいん》では多くの恩恵をいただくことができます。

結縁灌頂《けちえんかんじょう》（年に2回しかありません）を受ける、授戒《じゅかい》を体験する、写経をする、阿《あ》字観《じかん》体験をする、宿坊に泊まってみるなど、高野山で何かひとつでも体験をすれば、空海さんに、より一層近づくことができるのでおすすめです。

高野山は空海さんワールドのパワースポットです。

＊『もっと！ 神仏のご縁をもらうコツ』

比叡山《ひえいざん》《滋賀県大津市・京都府京都市》

最澄さんが天台宗を開いたお山です。以後、多くの高僧がこのお山から出ています。

比叡山は「東塔《とうどう》」「西塔《さいとう》」「横川《よかわ》」という3つのエリアに分かれていて、微妙に仏様の雰囲気が違います。

各エリアはシャトルバスで移動できますが、西塔から横川までの道を歩くと（1時間かかります）、最澄さんと繋がりやすいです。また、山道では大地から上がってくる比叡山独特のあたたかいエネルギーをもらうことができます。

延暦寺《えんりやくじ》では宿泊をともなった体験修行もしていて、お坊さんと一緒にさまざまな修行をしますから、非常に多くのことを学べます。

比叡山は天台宗ワールドのパワースポットです。　*『運玉』

八坂神社《やさかじんじゃ》《京都府京都市》

牛頭天王という一般的な神様とはちょっと違う神様がいます。「魔」の世界にも詳しく、とても大きな力を持った神様です。かっちりとした真面目な性質ではなく、変わった人や面白い人を喜ぶところがあります。

この神様に気に入ってもらえたら、人生がひっくり返るほどの成功を手にすることができます。

同じ京都市にある今宮神社《いまみやじんじゃ》にいる牛頭天王は身の程知らずな「願掛け」を面白く思い、八百屋《やおや》の娘だったお玉さんの息子を将軍にしています。

意地悪な人や心根のよくない人から飛ばされる悪念をガードしてくれるのも牛頭天王の得意分野です。

*『京都でひっそりスピリチュアル』『神様と仏様から聞いた 人生が楽になるコツ』「ブログ2018年7月13日、2016年9月27日」

晴明神社《せいめいじんじゃ》《京都府京都市》

陰陽師《おんみょうじ》だった安倍晴明《あべのせいめい》さんが神様としています。晴明さんは神様となった今でも「魔」の力が使え、「術」をかけることができます。呪詛返《じゅそがえ》しなどもできます。そのような神様は今のところ晴明さん以外に見つかっておらず、大変貴重な存在と言えます。

「魔」の力を薄く入れたお守りで憑《つ》き物から守るようにしてくれますが、このお守りを持ったまま他の神社に行くと、そこの神様の波動で「魔」が消され上書きされます。晴明神社のお守りはコインロッカーにでも入れて、他の神社に持って行かないようにすることをおすすめします。

神社の外にまで式神《しきがみ》がお出迎えとお見送りをしてくれることがあります。

*『京都でひっそりスピリチュアル』『神様と仏様から聞いた 人生が楽になるコツ』

三峯神社《みつみねじんじゃ》《埼玉県秩父市》

憑き物落としに強い神社です。非常に多くの狼《おおかみ》が眷属として活躍しています。この眷属たちが憑き物を落とすプロフェッショナルなのです。

神様は山のほうにいて、憑き物以外の願掛けは神様が聞いてくれます。社殿は一の眷属が任されていますが、神様に報告してくれるので、奥宮《おくみや》へ行くために無理をして登山しなくても大丈夫です。

この神社には眷属の出張制度のような「御眷属拝借《ごけんぞくはいしゃく》」があって、家の中を守ってもらいたい人はお願いをするといいです。宿坊があり、境内に温泉もあるという珍しい神社です。

*『神さまと繋がる神社仏閣めぐり』

武蔵御嶽神社《むさしみたけじんじゃ》《東京都青梅市》

三峯神社と同じく、憑き物落としに強い神社です。こちらも非常に多くの狼が憑き物落としのプロフェッショナルとして働いています。

武蔵御嶽神社はペットと一緒に参拝ができる神社なので、ペットの厄払《やくばら》いもしたい、ペットにもご加護《かご》をもらいたい、という方におすすめです。

人は気づかないうちに悪いものを乗せていることがあります。そのせいで体調がすぐれなかったり、運気が低迷したりします。その憑き物を狼に落としてもらえば、体調がよくなったり、開運したりと、いろんなことが好転していきます。

＊『神さまと繋がる神社仏閣めぐり』

成田山新勝寺《なりたさんしんしょうじ》《千葉県成田市》

ひとことで言えば、お不動さんのパワースポットです。ものすごく強い不動明王《ふどうみょうおう》がいるお寺です。それもそのはず、ご本尊のお不動さんは空海さんが彫ったもので、もともと強い力を持っています。

その仏像に1000年以上もの間、絶やすことなく護摩《ごま》を焚《た》いてきていますから、巨大なパワーを持ったお不動さんになっています。

護摩供《ごまく》は誰でも参加させてもらえます。「御火加持《おひかじ》」という、護摩の火に持ち物をかざしてもらえる場面があるので、そこでお財布をお願いすると、お金の念の垢《あか》を焼いて落としてもらえます。

東京都千代田区の神田明神《かんだみょうじん》と相性が悪いという噂があるようですが、気にしなくても大丈夫です。お不動さんに確認をしましたし、実際に私が日を置かずに両方を参拝しましたが、まったく問題ありませんでした。

＊『神社仏閣は宝の山』

弥山《みせん》（宮島《みやじま》）《広島県廿日市市》

宮島にある霊山《れいざん》です。弥山では登山道でも山頂でも、空海さんが濃く出てこられます。

その空海さんが焚いたという火を１２００年燃やし続けている「消《き》えずの火《ひ》」が、山頂にあります。この火であたためたお白湯《さゆ》をいただけるようになっています。優しい波動をもったお白湯で、体を内部からリラックスさせてくれます。細胞のひとつひとつがほぐれて緩むという、温泉のような効果があります。

山頂には高度なエネルギーをふんだんにもらえて、思いっきりパワーチャージができ、浄化され癒やされる岩場があります。波動が驚くほど高くて、何かとてつもなく大きな力が感じられる、宇宙と繫がっているかもしれない場所です。他のパワースポットでは得られないエネルギーは、宇宙から届いている可能性があります。

その場所は、「弥山めぐり」「干満の岩」「大日堂」という案内板が指し示す方向へぐるりとまわって行きます。左に大きな岩があるところには、右側下へ行く石段がありますが、そこを下りずに、向こう側へ行きます。岩伝いに行くと、右手に平らな台のような石があって、その正面に奥まった場所があります。

そこが弥山の宇宙の色があるパワースポットです。

＊『神社仏閣 パワースポットで神さまとコンタクトしてきました』

神泉苑《しんせんえん》《京都府京都市》

平安京《へいあんきょう》造営の際に天皇のための庭園として作られています。歴代の天皇や貴族が、ここで舟遊びや四季折々の行事を楽しんでおり、当時のアミューズメントパークのような場所だったみたいです。

さらに昔は龍もいたため、空海さんはここで雨乞《あまご》いをしています。

神泉苑は信仰の場というよりも、楽しむ場所という要素が強かったせいか、空海さんがちょっとした楽しい仕掛けを施しています。それが三次元おみくじです。この場所で生き物に出合えれば出合えるほど、よい運気を表します。

明るいオレンジ色の鯉《こい》、薄い茶色の鳩《はと》（特別な神使《しんし》です）、亀、鴨《かも》、アヒル、スズメ（砂浴びをしていたらさらに吉です）、ヘビ、アオサギなど、いろいろな生き物が神泉苑にいます。どの生き物に出合えるのか、いくつ姿を見せてもらえるのかなどで運気アップを占います。

生き物を見つけた時の自分の心の動きも大切です。たとえばアオサギなどはめったに見られませんから（私は見ておりません）、見つけたら大喜びしていいです。その作用で運勢が上向きになります。

とても楽しい生きたおみくじが体験できる、空海さんプロデュースのスピリチュアルアミューズメントパークとなっています。　＊『京都でひっそりスピリチュアル〈文庫版〉』

おわりに

私の本やブログを読んで下さっている方は、神様仏様に正しくご挨拶をして、神仏に気持ちよく思われる参拝をしています。

参拝の仕方が礼儀正しいだけでなく、高波動やご神気《しんき》の浴び方、恩恵のもらい方、歓迎サインの気づき方、眷属《けんぞく》にも失礼をしない、会話もたくさんして喜ばれるなど、その他いろんなことを知っています。

それを実践しているので、読者さんからいただいた参拝体験記を読むと、神仏にものすごく可愛がられていることが伝わってきます。

「うわぁ、よかったですね！！！」と、ビックリマーク連続で叫ばずにはいられないくらいいの、厚いご加護、ご縁をいただいている方が多いです。読んでいる途中から、「よかった、よかった♪」と、私までウキウキのハッピー気分にさせてもらえます。

読者さんは神仏に関するさまざまなことは、しっかりと理解されているのですが……私が惜しいと思うのは、自分のことに関しては理解ができていないのでは？という点です。

神仏や眷属のお姿が見えない、お声も聞こえない、ということで、それは「自分がまだまだだからだ」「神仏霊能力がないからだ」と考えている方が多いのです。

「識子さんには神様も仏様も眷属も見える。お声も聞こえる。会話もできる。けれど、私にはまだ見えないし、お声も全然聞こえない……。神仏霊能力がないのかな」

このように、見える人と自分を比較して、落ち込んでいます。ちょっとキツい言い方になるかもしれませんが、これは考え方の根本的な部分に間違いがあります。比較すべきは見える人ではなく、〝過去の自分〟なのです。

私はけっこう長い年月、修行をしてきました（もちろん今も修行中です）。長～～～い修行期間のその時その時で、自分の成長具合を正しく知ることができたのは〝過去の自分〟との「差」でした。

わかりやすい例で具体的に説明をしますと……。

10年前の自分は神仏の存在を疑っていた。でも、今は神仏がいることを当たり前のこととして受け入れている。信じている。

5年前の自分は、境内《けいだい》をさやさやと渡っていく、風のように感じるあたたかい「ご神気」がわからなかった。風が吹いているだけだと思っていた。でも、今はなんとなくだけど、神々《こうごう》しい「気」がわかる。

3年前の自分は、おみくじに書かれている文字を「ふーん」と読むだけだった。でも、今はそこに込められた神仏の思いやアドバイスが、おぼろげながらでもわかる。伝わってくるものを受け取ることができる。

去年の自分は、神仏が優しいとかニコニコしているとか、まったくわからなかった。でも、今は境内にいると「優しい神様かも」「頑張れと励ましてくれているのかも」ということがわかる。

このように〝過去の自分〟と〝現在の自分〟を比べると、変化に気づくことができます。こうすることで、神仏アンテナがかなりレベルアップしていることを自覚できるのです。

けれど〝見える人〟と〝自分〟を比べてしまうと……自分は見えないから、聞こえないから、神仏霊能力がない、と否定してしまうわけです。

私がもしも修行の途中で、自分よりも見える人と比べていたら、どこかで能力にフタをして、ここまでレベルが上がっていなかったように思います。

それまでは、まったくわからなかったこと、気づけなかったことが、少しずつ、なんとなくでもわかるようになっていく。わかることが増えてきて、10年前の自分とは明らかに変わっている。このような、小さな一歩一歩の積み重ねが神仏霊能力の向上プロセスなのです。

ちょっとでも「能力がアップしたかな？」と思ったら、〝過去の自分〟と比べます。するとそこには明確な違いがあるはずです。違いを見つけたら、素直に、そして大いに喜んで、次へとつないでいく。これがレベルアップのコツです。


もうひとつ、お伝えしたいのは〝感受性〟です。

「神社仏閣でなぜか涙が出ました」

「神仏のありがたみを思うと、涙があふれて止まりませんでした」

「識子さんが書いた○○（本だったり、ブログだったりします）を読んでウルウルしました」

メッセージには、このような内容が綴《つづ》られていることがよくあります。そしてそのあとに、「感受性が強いだけかもしれませんが」と書かれていることも非常に多いのです。

実は、感受性が強いのは、神仏霊能力が高いということです。ですから、自分でも「そういうことか〜」と自覚はしたほうがいいです。感受性で片づけてしまっては、もったいないからです。

神社仏閣でわけもなく涙が出たとか、神仏に歓迎のサインをもらって飛び上がるほど嬉しかった、神仏に守られていることを思うと通常ではありえないほどの喜びを感じた、という場合、考えられる理由は以下のものがあります。

・そこの神仏に目をかけられていることを〝魂〟が気づき、魂が喜んでいる。
・見えない世界で、神仏に何かありがたいお言葉をかけられて〝魂〟が感激している。
・自分がその神社仏閣に来るべきだったことを〝魂〟が思い出した（過去世でそこの神仏に特別に可愛がってもらっていた）。

すべて〝魂〟が感じることです。

脳があれこれと論理的に考え、「じゃあ、涙を流そうかな」「感激しようかな」となるのではなく、自然と胸にグーッと迫ってくるものがあって、気がついたら泣いていたとか、気づいたらワクワクしていたとか、つまり、そのような感情が先にあるわけですね。この感情は頭で考えて作り出すものではありません。

〝魂が感じたこと〟なのです。魂が受け取って、それがダイレクトに感情として現れています。これは、つまり、魂の感知力が高い、という証拠です。

神仏関係だけに限りません。映画を見て感動して泣くとか、音楽を聴いて涙するとか、本を読んで感動する、などもそうです。

感動するというポジティブな面だけでなく、かわいそうで見ていられないとか、虐待のニュースで泣けて仕方ないなどもそうです。魂の感じる力が強いからです。

神仏霊能力は、〝魂が神仏を感じる力〟ですから、同じ能力なのです。感受性が強いことと比例します。

子どもの頃は悲しいお話を読んでも「かわいそう」としか思わなかったのに、今は泣けて泣けて仕方がない、という人がいると思います。「年をとって涙もろくなったわ〜」と思われるかもしれませんが、そうではありません。

年齢を重ねていくと、いろんな経験をします。つらいことや苦しいことを数多く経験します。それらの経験、および、そこから学ぶことによって人格、霊格が磨かれます。そのおかげで魂がより感じやすく、受け取りやすくなっているのです。

感受性が強くなった、涙もろくなった、というのは、神仏霊能力が上がっている、ということを意味します。もともと子どもの頃から感受性が強かったという方は、神仏霊能力をもとから大きく持っていたということです。

このことは謙遜《けんそん》したり、遠慮したりせず、自分はそういう能力があるのだということを自覚します。謙遜や遠慮は能力にフタをする部分があるからです。

霊能力は誰もが持っています。人によって「強い」「弱い」「大きい」「小さい」はありますが、磨くことのできる能力です。

自分で知らず知らずのうちに能力にフタをしないように気をつけて、時々、〝過去の自分〟と比べてみる。その違いや進化を認識する。能力がアップしていたら素直に喜ぶ。これは、自分を低く見ないために必要なことであり、重ねて言いますが、能力を伸ばすコツなのです。

神仏が見えないから自分には神仏霊能力はない、と思わずに、「わかる」ことが増えているのを実感しながら、自分のペースで歩んでいくことがベストです。
いつの日か見ることができる神仏のお姿を楽しみに、神社仏閣めぐりをエンジョイされることをおすすめいたします。

桜井識子

〈地方別 本書掲載寺社一覧〉

北海道地方

東北地方

関東地方

中部地方

近畿地方

九州地方

イラスト——竹添星児

著者紹介
桜井識子（さくらい　しきこ）
神仏研究家、文筆家。
1962年広島県生まれ。
霊能者の祖母と審神者の祖父の影響で霊や神仏と深く関わって育つ。1,000以上の神社仏閣を参拝して得た、神様仏様世界の真理、神社仏閣参拝の恩恵などを広く伝えている。神仏を感知する方法、ご縁・ご加護のもらい方、人生を好転させるアドバイス等を書籍やブログを通して発信中。
『東京でひっそりスピリチュアル』（幻冬舎）、『死んだらどうなるの？』（KADOKAWA）、『新装版 神社仏閣パワースポットで神さまとコンタクトしてきました』（ハート出版）、『神様と仏様から聞いた 人生が楽になるコツ』（宝島社）、『神様のためにあなたができること』（ＰＨＰ研究所）など著書多数。

桜井識子オフィシャルブログ　～さくら識日記～
https://ameblo.jp/holypurewhite/

本書は、2019年６月にＰＨＰ研究所から刊行された作品に加筆・修正をしたものです。

PHP文庫　あなたにいま必要な神様が見つかる本
「ごりやく別」神社仏閣100めぐり

2022年2月15日　第1版第1刷

著　者　桜井識子
発行者　永田貴之
発行所　株式会社ＰＨＰ研究所
東京本部　〒135-8137　江東区豊洲5-6-52
ＰＨＰ文庫出版部　☎03-3520-9617（編集）
普及部　☎03-3520-9630（販売）
京都本部　〒601-8411　京都市南区西九条北ノ内町11

PHP INTERFACE　https://www.php.co.jp/

組　版　株式会社PHPエディターズ・グループ
印刷所　大日本印刷株式会社
製本所　東京美術紙工協業組合

　ISBN978-4-569-90190-9

PHP文庫

神仏に愛されるスピリチュアル作法

桜井識子 著

「ご縁の不思議」「口約束にも言霊は宿る」「霊格を上げる方法」など、スピリチュアルな世界を日常生活に活かすヒントを一挙紹介！